Peter Köster

Beten in einer säkularen Welt

Praktische Anleitung,
konkrete Übungsschritte

Wegweisungen 9

Peter Köster

Beten in einer säkularen Welt

Praktische Anleitung, konkrete Übungsschritte

eos

Umschlagsmotiv:
Renate Menneke: o.T., Öl und Acryl auf Leinwand

1. Auflage 2020
Deutsche Erstausgabe

mail@eos-verlag.de
www.eos-verlag.de

ISBN 978-3-8306-8006-2

Bibliografische Information der Deutschen Bibliothek
Die Deutsche Bibliothek verzeichnet diese Publikation
in der Deutschen Nationalbibliografie; detaillierte bibliografische
Angaben sind im Internet unter http://dnb.ddb.de abrufbar.

Printed in Germany

Mein Herz denkt an dein Wort:
„Sucht mein Angesicht!"
Dein Angesicht, Herr, will ich suchen.

Psalm 27,8

Von allem, was wir tun,
ist Beten das am wenigsten Zweckmäßige,
am wenigsten Weltliche,
am wenigsten Praktische.
Darum ist Beten ein Akt der Selbstläuterung.
Beten ist eine Seinsnotwendigkeit.

Abraham Joshua Heschel (1907-1972)

Inhalt

Vorwort

Unsere gesellschaftliche Situation ist gekennzeichnet von einem Überangebot an Sinnentwürfen bei einem gleichzeitigen Verlust an verlässlichen Normen und Werten, die Orientierung und Entscheidungshilfen geben. Die Pluralisierung der Lebensformen macht es nicht mehr möglich, allgemein gültige und verbindliche Konzepte vom „richtigen Leben" zu formulieren. Im Zuge der gesellschaftlichen Individualisierung haben die traditionellen Instanzen der Sinnvermittlung an Bedeutung verloren und z. T. ihre Glaubwürdigkeit eingebüßt. Mit der Entwicklung zur Individualisierung von Lebenssituationen und Lebensrisiken und damit zur Auflösung traditioneller Verbindlichkeiten und solidarischer Lebenszusammenhänge werden wir als Einzelne mehr und mehr auf uns selbst verwiesen und zum Gestalter unserer eigenen Lebenswelt. Dabei sind wir zunehmend auf Hilfe angewiesen, um in der Fülle der Möglichkeiten und dem Nebeneinander von Unvereinbarem unser Leben nicht zu verfehlen.

In der Kirche haben die gesellschaftlichen Veränderungsprozesse und innerkirchliche Verwerfungen zu großen Verlusten an traditioneller Kirchlichkeit bei den Gläubigen geführt. Doch die Fragen nach persönlicher und spiritueller Identität sind keineswegs verstummt. Viele Menschen suchen nach den verborgenen Quellen gläubiger Lebensgestaltung, nach einem „Ort", wo sie Lebensdeutung und Lebenshilfe erfahren und sich ihnen die Chance bietet, im Glauben Mensch zu werden.

Was Halt gibt und Bestand haben wird, ist die persönliche Beziehung zu Jesus Christus, sofern jemand einmal dahin gefunden hat. Wer an ihn und sein Evangelium zurückgebunden bleibt und gemeinsam mit anderen sich zu ihm bekennt und den Weg des Evangeliums geht, kann in den verschiedenen Milieus der Gesellschaft sich als Christ/Christin behaupten und Salz der Erde und Licht der Welt sein. Wir Christen sind zu Heimatlosen und Fremdlingen in einem kulturellen Umfeld geworden, das Generationen vor uns geschaffen und geprägt haben.

Heimat, Geborgenheit bietet allein das Geheimnis Jesu Christi. Das Wort Geheimnis bedeutet das Gesamt von all dem, worin ich „daheim“ bin. Wenn also weder die äußere Organisation noch die Kultur oder das zivilisatorische Umfeld, noch soziologische Gesetzmäßigkeiten das letztlich Verbindende in der Kirche bilden, wie können wir mit der Glut der persönlichen Beziehung bei uns selbst und den Menschen, mit denen wir unterwegs sind, so umgehen, dass die Asche darüber nicht mehr wird und die Funken so überspringen, dass Kirche zur Heimat in der Fremde für möglichst viele Menschen wird?

Von Anfang an ist Jesus Menschen persönlich begegnet und hat sie zu einer personalen Beziehung eingeladen. Die Beziehung zu ihm hat dann Menschen auch untereinander verbunden.

Unsere gegenwärtige Situation ist eine große Herausforderung und muss als Chance verstanden werden. Als Christen sind wir mitten hineingestellt in diesen dramatischen Prozess, in eine Entwicklung, der, wie zu allen Zeiten, das Kommen des Gottesreiches verheißen ist.

Wenn wir im Kontext der gegenwärtigen gesellschaftlichen und kirchlichen Wandlungsprozesse danach suchen, wie Geschehen und Erleben unserer Alltagswirklichkeit zu gläubiger Erfahrung und Lebensgestaltung werden kann, müssen wir uns bewusst bleiben, dass eine gesunde Gebetspraxis sich nicht unabhängig von unserer menschlichen Entwicklung und Reifung entfalten kann.

Wir leben, um einer persönlichen Bestimmung zu folgen und in dieser Welt eine persönliche Spur zu hinterlassen. Um seelisch gesund zu bleiben – und das hat auch seine Auswirkungen auf das Leibliche –, gilt es, dieses Besondere, dieses unverwechselbar Einmalige zu entdecken und zu respektieren. Unsere Menschwerdung kann nur gelingen, wenn wir damit in Übereinstimmung kommen und unserer persönlichen Lebensberufung folgen.

Manchmal ist es ein nachhaltiger Traum, der uns stimmungsmäßig stark beschäftigt, – ein Traum, der uns auf die Spur unserer persönlichen Bestimmung stößt und wir unmittelbar spüren, dass wir uns verlieren, wenn wir dieser Spur nicht folgen. Manchmal kann uns auch die Erfahrung der Lebensmitte oder andere bedeutsame Lebensübergänge dazu bringen, Bilanz zu ziehen, weil wir mehr ahnen als wissen: Es gibt etwas in unserem Leben, das nicht zum Leben kommt, wenn wir so weiter leben wie wir leben. Auch eine plötzliche Krankheit kann uns zu dieser Einsicht bringen. Irgendwann spüren wir, ob wir eher einem kahlen Strauch in der Steppe gleichen, auf ausgedörrtem Boden, wo niemand wohnt – wie der Prophet Jeremia sagt, oder ob unser Leben einem Baum gleicht, der am Bach steht und zum Wasser hin seine Wurzeln ausstreckt und der auch unter extremen Bedingungen nicht aufhört, Früchte zu tragen (vgl. Jer 17,5-8).

Wenn wir also unserer Sehnsucht folgen und uns auf den Weg machen, „Gottes Angesicht zu suchen" (Ps 27,8), sind wir auf *konkrete* Hilfe angewiesen. Einige der Orientierungen und praktischen Hilfen dieses Buches habe ich vor längerer Zeit veröffentlicht (Beten lernen, 2003). Sie sind inzwischen vergriffen. Manches habe ich neu gefasst, manches fortgeschrieben (vgl. Die Übung des Herzensgebetes, 2017, S. 49 ff.) und manches kam neu dazu.

In den ersten beiden Kapiteln werden Orientierungen gegeben, wie wir Gottes Wirken im eigenen Leben entdecken und wie wir mit ihm in einen Dialog kommen können über alltägliche und bedeutsame Erfahrungen unseres Lebens und über zentrale Fragen unserer Gottesbeziehung. Eine wichtige Hilfe für die „Ordnung" des eigenen Lebens und unsere Beziehung zu Gott finden wir in den Texten der Hl. Schrift. In der kirchlichen Gebetstradition wird das Lesen, Hören und Meditieren der Hl. Schrift für unerlässlich gehalten. Deshalb werden für den betenden Umgang mit biblischen Texten im 3. Kapitel zwei unterschiedliche, einander ergänzende Zugänge beschrieben. Das 4. Kapitel bietet eine Einführung in den Weg des Schweigens nach der kontemplativen Gebetstradition, die sich bis zu den Anfängen des christlichen Mönchtums in der ägyptischen Wüste zurückverfolgen lässt. Wie die Übung des Jesusgebetes zieht die „Wolke des Nichtwissens" heute viele an, die ernsthaft nach verlässlichen Übungsschritten auf dem Weg zu einem kontemplativen Leben im Beruf und Alltag, in sozialen Bindungen und Verpflichtungen suchen. Beide Wege sind einander sehr ähnlich. Sie verdanken sich dem einmal gemeinsamen Gut der Kirche des Ostens und des Westens.

Alle genannten Gebetsübungen sind *einfach* und *wiederholbar.* Sie können ihre verwandelnde Kraft nur dann entfalten, wenn wir sie *regelmäßig und unabhängig von unserer augenblicklichen Stimmungslage praktizieren.*

Zu unserer leibhaften Verfassung gehört es, dass wir bei allen Gebetsübungen den Leib miteinbeziehen. Sonst ist unser Gebet „wie ein Baum ohne Wurzel“ (Sebastian Painadath).

Im *Ausblick* werden kurz Grundzüge einer gesunden Spiritualität und als Voraussetzung dazu grundlegende Aspekte einer gesunden christlichen Lebensführung skizziert.

Auf unserem Gebetsweg kann ein *geistlicher Begleiter* oder eine *Begleiterin* eine wertvolle Hilfe sein.

Geistliche Begleitung steht in einer langen kirchlichen Tradition. Im frühen Mönchtum wurde geistliche Begleitung in erster Linie als *Mystagogie* verstanden, als Hinführung zur Kontemplation, zur Begegnung mit dem Geheimnis Gottes. Voraussetzung dafür war, dass jemand aus einem langjährigen Leben in der Nachfolge Jesu um die geheimnisvollen Wege Gottes mit den Menschen weiß, dass er im Kampf mit seinen Leidenschaften und in Auseinandersetzung mit seinen Bedürfnissen und Gefühlen zu einem erlösten Umgang mit ihnen gefunden hat und mit seiner Versuchbarkeit und Schwäche vertraut ist. Neben dem jahrelangen Kampf um die Läuterung des eigenen Herzens braucht es für die geistliche Begleitung die Gabe der *Herzenskenntnis* (kardiognósis) und die Gabe der *geistlichen Unterscheidung* (diakrísis). Beide Charismen sind Gaben des Hl. Geistes, nicht Fähigkeiten, die man sich auf gewöhnliche Weise mit einer bestimmten Methode erwerben kann.

Nur wer über die Erfahrung eigener Schwäche und im Ringen mit den lebenzerstörenden Kräften zu einem barmherzigen Umgang mit sich selbst gefunden hat, wird spüren, was für uns in unserer jeweiligen Situation angemessen ist, ohne uns mit Idealen zu überfordern. Auf diese Weise wird er oder sie unsere Sehnsucht nach Gott stärken und uns auf dem Weg unserer Gottsuche ermutigen.

Der Begleiter oder die Begleiterin darf uns die Verantwortung für unseren Weg nicht abnehmen. Vielmehr ist es seine bzw. ihre Aufgabe, uns Erfahrungsmöglichkeiten zu eröffnen, die uns die „ganze Wahrheit" unseres Herzens nach und nach entdecken lassen und mit Gott in Verbindung bringen.

Diese kleine Gebetsschule ist zugleich ein Dank an jene Menschen, die mich beten gelehrt haben und in denen etwas vom Geheimnis Gottes aufgeleuchtet ist.

Peter Köster SJ

ERSTES KAPITEL
Zwei Grundformen christlichen Betens

1. Sein Leben *vor* Gott zur Sprache bringen

Als Einleitung ein Text von Dietrich Bonhoeffer:

Wer bin ich? Sie sagen mir oft,
ich träte aus meiner Zelle
gelassen und heiter und fest
wie ein Gutsherr aus seinem Schloss.

Wer bin ich? Sie sagen mir oft,
ich spräche mit meinen Bewachern
frei und freundlich und klar,
als hätte ich zu gebieten.

Wer bin ich? Sie sagen mir auch,
ich trüge die Tage des Unglücks
gleichmütig, lächelnd und stolz,
wie einer, der Siegen gewohnt ist.

Bin ich das wirklich,
was andere von mir sagen?
Oder bin ich nur das,
was ich selbst von mir weiß?
Unruhig, sehnsüchtig, krank,
wie ein Vogel im Käfig,
ringend nach Lebensatem,
als würgte mir einer die Kehle,

hungernd nach Farben, nach Blumen,
nach Vogelstimmen,
dürstend nach guten Worten,
nach menschlicher Nähe,
zitternd vor Zorn über Willkür
und kleinlichste Kränkung,
umgetrieben vom Warten auf große Dinge,
ohnmächtig bangend um Freunde
in endloser Ferne,
müde und leer zum Beten, zum Denken,
zum Schaffen,
matt und bereit,
von allem Abschied zu nehmen?

Wer bin ich? Der oder jener?
Bin ich denn heute dieser
und morgen ein anderer?
Bin ich beides zugleich?

Vor Menschen ein Heuchler
und vor mir selbst
ein verächtlich wehleidiger Schwächling?
Oder gleicht, was in mir noch ist,
dem geschlagenen Heer,
das in Unordnung weicht
vor schon gewonnenem Sieg?

Wer bin ich? Einsames Fragen treibt mit mir Spott.
Wer ich auch bin, Du kennst mich,
Dein bin ich, o Gott!“

Hier bringt sich jemand zur Sprache *vor* dem, den er bei aller Zwiespältigkeit und Unbegreiflichkeit seines eigenen Lebens als tragenden Grund und befreiende Orientierung erfahren hat – *Gott*.

Diese Weise zu beten, kann sehr helfen, das eigene Leben im Glauben zu verstehen.

Beten scheitert fast immer, wenn es nicht von einer starken menschlichen Erfahrung gespeist wird. Beten braucht Bodenkontakt, es muss Erdgeruch haben. Wenn unser Leben sich in unserem Beten spiegelt, wenn es darin zur Sprache gebracht wird, dann haben wir gleichsam den Raum gefunden, in dem wir unser Leben geistlich entziffern (lernen).

Eine gute Orientierung und Hilfe dafür, wie man sein Leben vor Gott zur Sprache bringen kann, sind vor allem die Psalmen und andere Gebete des Alten Testaments. Nirgendwo sonst kommt in der hl. Schrift das Leben vor Gott in solcher Bandbreite zur Sprache wie gerade in den Psalmen: Da wird gelacht und geweint, gejubelt und aus tiefer Not geschrien. Da wird geklagt und gezweifelt, erbarmungslos gesprochen und leidenschaftlich gehadert. Da wird gesprochen von dem Frieden, in den ein Mensch durch Gott hinein gerät, von dem Vertrauen, das er zurück gewinnt, von der Freude und dem Dank, der das Herz zerspringen lassen möchte. Kurz: das gesamte Leben – so wie es ist – kommt hier *vor* Gott zur Sprache. Dafür einige Beispiele:

- Mit lauter Stimme schreie ich zum Herrn,
  laut flehe ich zum Herrn um Gnade.
  Ich schütte *vor* ihm meine Klagen aus,
  bringe *vor* ihn meine Not (Ps 142,2f.)

▸ In ähnlicher Weise wird von Hanna, der Mutter Samuels, erzählt, wie sie in ihrer Verzweiflung *vor* den Herrn trat und *vor* ihm ihr Herz ausschüttet:

Einst lebte ein Mann aus Ramatajim, ein Zufiter vom Gebirge Efraim. Er hieß Elkana und ... hatte zwei Frauen. Die eine hieß Hanna, die andere Peninna. Peninna hatte Kinder, Hanna aber hatte keine Kinder. Dieser Mann zog Jahr für Jahr von seiner Stadt nach Schilo hinauf, um den Herrn der Heere anzubeten und ihm zu opfern ... An dem Tag, an dem Elkana das Opfer darbrachte, gab er seiner Frau Peninna und all ihren Söhnen und Töchtern ihre Anteile. Hanna aber gab er einen doppelten Anteil; denn er hatte Hanna lieb, obwohl der Herr ihren Schoß verschlossen hatte. Ihre Rivalin aber kränkte und demütigte sie sehr, weil der Herr ihren Schoß verschlossen hatte. So machte es Elkana Jahr für Jahr. Sooft sie zum Haus des Herrn hinaufzogen, kränkte Peninna sie; und Hanna weinte und aß nichts. Ihr Mann Elkana fragte sie: Hanna, warum weinst du, warum isst du nichts, warum ist dein Herz betrübt? Bin ich dir nicht viel mehr wert als zehn Söhne?

Nachdem man in Schilo gegessen und getrunken hatte, stand Hanna auf und trat vor den Herrn. Der Priester Eli saß an den Türpfosten des Tempels des Herrn auf seinem Stuhl. Hanna war verzweifelt, betete zum Herrn und weinte sehr. Sie machte ein Gelübde und sagte: Herr der Heere, wenn du das Elend deiner Magd wirklich ansiehst, wenn du an mich denkst und deine Magd nicht vergisst und deiner Magd einen männlichen Nachkommen schenkst, dann will ich ihn für sein ganzes Leben dem Herrn überlassen; kein Schermesser soll an sein Haupt kommen. So betete sie lange vor dem Herrn. Eli beobachtete ihren Mund; denn Hanna redete nur still vor sich hin, ihre Lippen bewegten sich, doch ihre Stimme war nicht zu hören.

Eli hielt sie deshalb für betrunken und sagte zu ihr: Wie lange willst du dich noch wie eine Betrunkene aufführen? Sieh zu, dass du deinen Weinrausch loswirst! Hanna gab zur Antwort: Nein, Herr! Ich bin eine unglückliche Frau. Ich habe weder Wein getrunken noch Bier; *ich habe nur dem Herrn mein Herz ausgeschüttet.* Halte deine Magd nicht für eine nichtsnutzige Frau; denn nur aus großem Kummer und aus Traurigkeit habe ich so lange geredet. Eli erwiderte und sagte: Geh in Frieden! Der Gott Israels wird dir die Bitte erfüllen, die du an ihn gerichtet hast. Sie sagte: Möge deine Magd Gnade finden vor deinen Augen. Dann ging sie weg; sie aß wieder und hatte kein trauriges Gesicht mehr (1 Sam 1,1–18).

- Von König Hiskia hören wir, dass er mit dem Brief des Großkönigs Sanherib von Assur voller Angst und Trauer hinauf in den Tempel ging, das Schreiben *vor* dem Herrn ausbreitete und *vor* dem Herrn betete (2 Kön 19,14–19).

- Diese Gebetstradition greift Lukas im Magnificat (Lk 1,46–55), im Lobgesang des Zacharias (Lk 1,67–79) und im Dankgebet des greisen Simeon (Lk 2,29–32) auf.

- Die Evangelien schildern Jesus als Betenden. Sie berichten davon in einer Weise, die deutlich macht, dass er einerseits in der Gebetstradition seines Volkes steht, andererseits in ihm der Höhepunkt aller menschlichen Gottverbundenheit aufleuchtet.

Wenngleich die Texte über sein Beten in den Evangelien keinen großen Raum einnehmen, so wird doch deutlich, dass sich Jesu Beten ganz natürlich in seinen Alltag, in seine öffentliche Wirksamkeit einfügt, dass er wie selbstverständlich sein Leben *vor* dem Vater – bis zuletzt – zur Sprache bringt (Lk 10,21f; Mk 14,36; Lk 23,46).

So ist Jesus für unser Beten eine einzigartige Orientierung. Zugleich dürfen wir uns an ihn selber wenden, der uns längst, wie einst Petrus, in sein Gebet zum Vater hineingenommen hat (Lk 22,31 f).

Diese Grundweise biblischen Betens entspricht ja auch der psychologischen Wirklichkeit: dass eine innere Erfahrung, ein unmittelbares Getroffensein, etwas, das uns innerlich anrührt und beschäftigt, erst dann zu einem lebendigen Teil unserer selbst wird, wenn wir dieser Erfahrung Ausdruck und Gestalt geben, wenn wir z. B. damit beginnen, sie in Worte zu fassen. Das führt zu einer Art von Selbstwahrnehmung, bei der wir erkennen, dass wir nicht immer nur Fragende, sondern auch Befragte sind, die selbst nach Antwort suchen (müssen).

Wer getraut sich denn, in seinem Beten vor Gott einzugestehen, dass er einen Menschen hasst oder ihm nicht zu vergeben bereit ist, dass er einfach noch nicht über die Kraft verfügt, jemandem zu verzeihen und zerbrochenen Frieden wieder herzustellen. Wer kann sich denn eingestehen, dass er sehr verletzlich ist, dass er Wunden trägt, die nicht heilen wollen.

In unserem Beten kann die „ganze Wahrheit" unseres Lebens zur Sprache kommen, so wie sie ist, so wie wir sie empfinden, weniger, wie sie sein soll. Unser Beten braucht diese Aufrichtigkeit.

Die heilige *Teresa von Avila* schreibt in ihrer Autobiografie: „Es setzte in mir eine viel größere Liebe ein, und ich hatte auch größeres Vertrauen zu diesem Herrn (Jesus Christus), da ich ihn sah wie einen, *mit dem ich ständig im Gespräch bin.* Ich sah, dass er, obwohl er Gott war, doch auch Mensch war, der sich nicht über die Schwächen der Menschen entsetzt, sondern unsere armselige Lage versteht". Sie fasst dann später zusammen, *dass man mit ihm über alles sprechen kann,* wenn man einmal die erste Furcht und Scheu vor ihm überwunden hat (Vida 37,6).

Ägid von Broeckhoven, ein belgischer Jesuit, der als junger Arbeiterpriester beim Verladen schwerer Eisenplatten tödlich verunglückte, schreibt einmal in sein Tagebuch: „Es ist nicht umsonst, sich in Besinnung und Gebet zu vergegenwärtigen, was Gott in uns wirkt. Es ist durchaus belangvoll, sich daran zu erinnern, *es in Worte auszudrücken, um es intensiver zu erleben, seine Tiefe auszuloten und seinen Reichtum klarer zu erfassen".*

So kann man ganz einfach damit anfangen, in den Gebetszeiten *vor* Gott zu erzählen, was uns beschäftigt – und sei es noch so zwiespältig, abwegig oder banal. Es wird vielleicht einige Zeit dauern, bis wir unsere Scheu überwinden und uns getrauen, mit *allem,* was uns bewegt, *vor* Gott zu kommen. Das innere Erleben, die inneren Wahrnehmungen und Reaktionen, wie sie sich spontan in Gefühlen, Haltungen und Bewertungen, aber auch in somatischen Reaktionen äußern, sollen also von uns ins Wort gebracht werden. Nach und nach werden wir dann auch entdecken, was uns tiefer angerührt hat oder wo wir ganz getroffen sind, z. B.

- von der Undurchschaubarkeit des eigenen Lebens,
- von der Brüchigkeit menschlicher Beziehungen,
- von der Macht des Bösen im eigenen Herzen,
- von der unabstreitbaren Verantwortung in persönlichen Entscheidungen,
- oder da, wo wir uns ausgenutzt und betrogen fühlen,
- wo wir spüren, dass wir zu kurz gekommen sind,
- wo uns plötzlich und unberechenbar vergeben wird,
- wo wir vor Freude „aus dem Häuschen" sind,
- wo sich aus einer ausweglosen Situation, aus einem verfahrenen Leben unvermutet ein Ausweg ergibt,
- wo wir darüber staunen, dass es auf einmal weitergeht und weiteres mehr.

Diese Weise des Betens kann sehr dazu beitragen, wichtige Lebensvorgänge bewusster wahrzunehmen und uns zu verdeutlichen, welche *Richtung* unsere spontanen Reaktionen anzeigen, z. B. mehr Offenheit oder mehr Verschlossenheit, mehr Beziehung oder mehr Kreisen um sich selbst, mehr Erfülltsein oder mehr Stagnation und Leere, mehr Lebendigkeit oder mehr Leblosigkeit o. ä.

Wenn wir nach und nach die *Richtung* unserer spontanen Reaktionen erfassen, werden wir auch erkennen, inwieweit wir uns auf Gott hin oder von ihm weg bewegen. Auf diese Weise wird Gott zu einem *lebendigen* Gegenüber.

In diesem Prozess, innere Vorgänge, Bewegungen, Reaktionen wahrzunehmen und sie *vor* Gott auszusprechen, können für uns folgende Fragen hilfreich sein:

- *Hörst Du auf den Herrn, wenn Du betest?*
  Diese Frage soll die Aufmerksamkeit darauf lenken, inwieweit Gott in diesem Gespräch überhaupt relevant ist: *Welche Rolle spielt Gott in Deinem Beten?*
- *Sagst Du ihm, was dieses Hören bei Dir an Reaktionen auslöst?*
  Diese Frage macht deutlich, inwieweit der Betende selbst sich in dieses Gespräch einbringt: *Welche Rolle spielst Du selbst in Deinem Beten?*

Eine solche Weise des Betens, in die die Vielfalt immer neuer Lebenssituationen und Erfahrungen einfließt, wird immer aktuell bleiben. Wir werden sie immer wieder aufnehmen können und sie wird sich im oft allzu nüchternen und aufreibenden Stil seines Alltags durchhalten.

Wenn das Gebet trocken wird oder nicht recht in Gang kommt, dann liegt das meist daran, dass wir nicht auf Gott hören oder daran, dass wir IHM nicht antworten.

Es kann sein, dass wir unsere Gefühle nicht *vor* Gott bringen, weil sie uns belanglos oder nicht akzeptabel erscheinen. Wir versuchen, sie einfach zu übergehen. Unter der Schicht nicht zugelassener Gefühle lauern oft Ärger und Abneigung gegen bestimmte Leute, Groll gegen Gott, Enttäuschung über sich selbst, ein Gefühl von Minderwertigkeit. Wenn all das vor Gott nicht sein darf, bleibt es ein unüberwindliches Hindernis zwischen uns und Gott.

Die Entscheidung, unsere inneren Bewegungen und Reaktionen Gott mitzuteilen, bedeutet, unser affektives Leben in seiner ganzen Bandbreite und Zwiespältigkeit nicht aus der Beziehung mit Gott heraus zu halten.

Die eigenen Gefühle *mitzuteilen,* ist etwas anderes als über die eigenen Gefühle *informieren.* Je mehr wir uns daran gewöhnen, im Gebet unsere inneren Bewegungen und Reaktionen Gott mitzuteilen, desto mehr kommen unsere tieferen Schichten ins Bewusstsein: unsere Haltungen und Überzeugungen, unsere tiefen Wünsche, unsere Ängste, unser Groll, unsere Schuld. Wenn wir fähig werden, unsere „ganze Wahrheit" anzuschauen und *vor* Gott zur Sprache zu bringen, kann unser Gebet zu einem Prozess fortschreitender Offenheit gegenüber unserem Leben werden.

„Vom Anfang geistlichen Lebens bis zum Ende wird der Mensch das Wort brauchen, um die Stimme des Herzens dem Schöpfer laut werden zu lassen" (*Carlo Caretto).* Am Anfang werden es vielleicht viele Worte sein, in denen wir uns *vor* Gott aussprechen. Allmählich werden sie weniger und tiefer, bis schließlich einige ganz wenige übrig bleiben, in denen alles enthalten ist: Herzworte.

Es wäre eigentlich verwunderlich, wenn wir uns selbst in einem solchen Gebetsprozess nicht wandeln und damit auch die „Dinge" um uns herum oder wenigstens unsere Sicht von ihnen.

Es kann dann auch geschehen, dass einer in die Erfahrung hinein gerät, von der *Sören Kierkegaard* spricht: „Als mein Gebet immer andächtiger und innerlicher wurde, hatte ich immer weniger und weniger zu sagen. Zuletzt wurde ich ganz still ... Ich wurde ein Hörender." Beten heißt auch: still werden und warten, bis Gott vernehmbar wird.

2. Beten mit formulierten Gebeten

Wenn wir beten wollen, finden wir nicht immer die Worte, die unser Herz für das Geheimnis Gottes öffnen. Auch verfügen wir nur selten über die Fähigkeit, „vor Gott" zum Ausdruck zu bringen, was in unserem Herzen verborgen liegt. Da ist es gut, dass es Gebetsworte aus der jahrhunderte-langen Tradition des Gottesvolkes gibt, die durch Vertrauen und Hingabe von Generationen geheiligt sind. Es ist möglich, unser Herz für solche Worte zu öffnen und uns ihrer Kraft anzuvertrauen, auch wenn sie unser momentanes Fassungsvermögen übersteigen und unserer augenblicklichen Stimmungslage nicht entsprechen. „Es bringt uns weiter, wenn wir das Echo der Musik der Jahrhunderte in uns wiedererwecken, als wenn wir auf der zersprungenen Flöte des eigenen Herzens spielen" (Abraham Joshua Heschel).

Lukas berichtet, dass die Jünger Jesu irgendwo auf dem Weg nach Jerusalem Jesus im Gebet erleben. Diese Erfahrung beeindruckt sie so tief, dass in ihnen die Sehnsucht nach einer ähnlich innigen Beziehung zu JHWH geweckt wird, wie sie ihnen an Jesus aufgeleuchtet ist. Und sie bitten ihn: „Herr, lehre uns beten ...!" Mit dem *Vaterunser* nimmt Jesus sie hinein in sein eigenen Gottesverhältnis, in diese einzigartige Ich-Du-Beziehung, die ihn mit seinem himmlischen Vater verbindet (Lk 11,1-4). Mit der Vater-Anrede eröffnet uns Jesus den Zugang zum Herzen Gottes. Sie vermittelt einerseits familiäre Nähe, andererseits ehrfürchtige Distanz, ein Gespür, dass Gott Geheimnis ist. Sie sammelt unser Herz, unser ganzes Sein auf dieses „Du" wie in einem Brennpunkt und führt uns über uns selbst hinaus. Gleichzeitig laden wir mit diesem Gebet Gott ein, seinen Willen in unserem Leben zur Geltung zu bringen.

Wir müssen uns bewusst bleiben, dass nicht die ganze Erfahrung des Gebetes sich auf einmal erschließt. Sie wächst allmählich, wenn wir die Worte des Gebetes wiederholen und bei den Worten verweilen, die mit ihrer Fülle und Kraft, mit ihrem Geheimnis immer mehr ans Licht treten und unser Herz weit werden lassen. Beten ist ein langfristiges Unternehmen.

Die Gebetstradition stellt uns auch Worte zur Verfügung für die Zeit der Not, für die Augenblicke der Verzweiflung, wenn wir vom Leben hin- und hergerissen werden. Es sind Worte, an denen wir Halt finden und die uns über Abgründe tragen. Im Gebetsschatz der Kirche finden wir auch Worte für die großen Hoffnungen, für die Anfänge und Übergänge, für die Höhepunkte des Lebens und für die Zeit, wenn es damit zu Ende geht. Zu unserem persönlichen Gebetsschatz sollte eine Reihe von Worten gehören, die uns in den Sinn kommen, wenn wir sie brauchen. Wenn man Gebetsworte braucht, kann man sie nicht ohne weiteres produzieren. Sie müssen unmittelbar präsent und auswendig gekonnt sein.

Nicht zuletzt mögen unsere Gebetsworte getragen sein von dem Satz aus dem Römerbrief: „Der Geist nimmt sich unserer Schwachheit an. Denn wir wissen nicht, was wir in rechter Weise beten sollen. Der Geist selber tritt für uns ein mit unaussprechlichen Seufzern. Der die Herzen erforscht, weiß, was die Absicht des Geistes ist. Denn er tritt so, wie Gott es will, für uns ein“ (Röm 8,26f.).

Beten bedeutet also auch, ein Wort zu ergreifen wie das Ende eines Taus, das uns zu Gott führt, und das Echo eines Wortes kann wie ein Senkblei in die Tiefe unserer Seele fallen. „Je lauterer die Bereitschaft, desto tiefer dringt das Wort“ (Abraham J. Heschel).

Zum Abschluss noch eine kleine Auswahl aus dem Gebetsschatz des Gottesvolkes:

HERR,
Du hast mich erschaffen und geformt.

Du sagst:
Fürchte dich nicht,
ich habe dich beim Namen gerufen,
du gehörst mir!

Wenn ich durchs Wasser schreite, bist Du bei mir,
wenn ich durch Ströme wate,
dann reißen sie mich nicht fort.
Wenn ich durchs Feuer gehe, werde ich nicht versengt,
keine Flamme wird mich verbrennen.

Denn Du, HERR, bist mein Gott,
Du bist mein Retter,
weil ich in Deinen Augen teuer und wertvoll bin,
und weil Du mich doch liebst.

Ich brauche mich nicht zu fürchten,
denn Du bist mit mir!
Jeden, der nach Deinem Namen benannt ist,
hast Du zu Deiner Ehre erschaffen und geformt.

nach Jes 43,1-7

Psalm 103

1 Preise den Herrn, meine Seele, *
und alles in mir seinen heiligen Namen!
2 Preise den Herrn, meine Seele, *
und vergiss nicht, was er dir Gutes getan hat:

3 der dir all Deine Schuld vergibt *
und all deine Gebrechen heilt,

4der dein Leben vor dem Untergang rettet*
und dich mit Huld* und Erbarmen krönt,
5der dich dein Leben lang mit Gaben sättigt, *
wie dem Adler wird dir die Jugend erneuert.

6Der Herr vollbringt Taten des Heils,*
Recht verschafft er allen Bedrängten.
7Er hat Mose seine Wege kundgetan, *
Den Kindern Israels seine Werke.

8Der Herr ist barmherzig und gnädig, *
langmütig und reich an Güte.
9Er wird nicht immer rechten*
und nicht ewig trägt er nach.
10Er handelt an uns nicht nach unseren Sünden, *
und vergilt uns nicht nach unserer Schuld.

11Denn so hoch der Himmel über der Erde ist, *
so mächtig ist seine Huld[1)] über denen, die ihn fürchten.
12So weit der Aufgang entfernt ist vom Untergang, *
So weit entfernt er von uns unsere Frevel.

13Wie ein Vater sich seiner Kinder erbarmt, *
So erbarmt sich der Herr über alle, die ihn fürchten.
14Denn er weiß, was wir für Gebilde sind, *
er denkt daran: wir sind nur Staub.

15Des Menschen Tage sind wie Gras, *
er blüht wie die Blume des Feldes.
16Fährt der Wind darüber, ist sie dahin, *
der Ort, wo sie stand, weiß von ihr nichts mehr.

* helfende Zuwendung, Freundlichkeit, Zuneigung.

17 Doch die Huld des Herrn währt immer und ewig.
Seine Gerechtigkeit erfahren noch Kinder und Enkel,
18 alle, die seinen Bund bewahren,*
die seiner Befehle gedenken und danach handeln.

Gott schaut Dich

Gott schaut Dich,
wer immer du seist,
so wie Du bist: persönlich.
Er sieht Dich und versteht Dich,
wie er Dich schuf.
Er weiß, was in Dir ist,
all Dein Fühlen und Denken,
Deine Anlagen und Wünsche,
Deine Stärke und Deine Schwäche.
Er sieht dich an Deinem Tag der Freude
und an Deinem Tag der Trauer.

Er fühlt mit Deinen
Hoffnungen und Prüfungen.
Er nimmt Anteil an Deinen
Ängsten und Erinnerungen,
an allem Aufstieg und Abfall Deines Geistes.

Er umfängt Dich rings
und trägt Dich in seinen Armen.
Er liest in Deinen Zügen,
ob sie lächeln oder Tränen tragen,
ob sie blühen in Gesundheit
oder welken in Krankheit.
Er schaut zärtlich auf Deine
Hände und Deine Füße.

Er horcht auf Deine Stimme,
das Klopfen Deines Herzens,
selbst auf Deinen Atem.
Du liebst Dich nicht mehr
als er dich liebt.

John Henry Newman (1801–1890)

Herr,
wenn das Leben zum Rätsel wird,
wenn eigenes oder fremdes Leid
alles in Frage stellt
und der Tod unsere Wege kreuzt,
schenk uns die Gewissheit,
dass Du bei uns bist
gegen allen Zweifel,
gegen unsere Ungeduld,
gegen den Augenschein.
Auch wenn wir scheitern,
bleibe Du bei uns.

nach Sylvia Bukowski

Literatur

Ägid van Broeckhoven, Freundschaft mit Gott, Einsiedeln ^{2}1972

Ulrich Dobhan, Teresa von Avila, Das Buch meines Lebens, vollständige Neuübertragung, Freiburg 2001

Abraham Joshua Heschel, Der Mensch fragt nach Gott. Untersuchungen zum Gebet und zur Symbolik, Berlin 2002

ZWEITES KAPITEL
Gebet und Alltag

Vier Empfehlungen, wie Gebet und Alltag miteinander in Einklang gebracht werden können.

1. Sehnsucht nach Gott

Wie die großen Beter in der Glaubenstradition seines Volkes, zieht Jesus sich von Zeit zu Zeit aus dem Alltag in die Einsamkeit zurück: „Frühmorgens, als es noch ganz dunkel war, stand Jesus auf, ging hinaus in die Einsamkeit und dort betete er" (Mk 1,35). Oder: „Nach der Speisung der Fünftausend forderte er seine Jünger auf, ins Boot zu steigen und ans andere Ufer nach Bethsaida vorauszufahren. Er selbst wollte inzwischen das Volk wegschicken. Nachdem er sich von den Leuten verabschiedet hatte, ging er auf den Berg, um zu beten" (Mk 6,45f).

Er sucht die Einsamkeit und das Schweigen, jene Stille, die der Urstoff allen Betens ist. Er sucht das Schweigen, um unter den vielen Stimmen und Impulsen des Alltags das Wort des Vaters zu erkennen. Er sucht jene Einsamkeit, in der er sich ungeteilt dem Wort und dem Geheimnis des Vaters überlassen kann. Jesus hat dieses lebensnot-wendige Gesetz aktiver Distanz befolgt und immer wieder Zeiten gefunden, da er sich von allem und von allen zurückzog, um die Nähe und Gemeinschaft mit dem Vater zu suchen. Sein Leben und Wirken, seine kraftvolle Klarheit und unabhängige Entschiedenheit ist nur aus dieser tiefen Verbundenheit heraus zu verstehen.

René Voillaume, der langjährige Prior der „Kleinen Brüder Jesu", sagt in einem Kapitel über „Das Gebet der Armen":

> „Alle Lebensvorgänge in der Welt ... geschehen in einem bestimmten Rhythmus ... von Ruhe und Arbeit. Die Lebenserfahrung muss es als eine Gefahr betrachten, wenn *eine* Bewegung dieses Rhythmus' auf Kosten der anderen übermäßig vollzogen wird. Auch das Leben mit Gott und das Gebet können sich diesem rhythmischen Gesetz und seinen Folgen nicht entziehen. Die Lebensweise unserer Gemeinschaften und die der Armen, die eingespannt sind in den Sorgen des Alltags, enthält ihre eigenen Gefahren ... Die Lahmlegung der Intelligenz wird eine gewisse Schwerfälligkeit des Willens verursachen. Ein Übermaß an körperlicher Anstrengung kann möglicherweise die Selbstbeherrschung eines ausgeglichenen Nervensystems beeinträchtigen. Die ständige Unruhe und der Lärm werden mit der Zeit auch das innere Schweigen des Herzens zerstören. Wir müssen also *unbedingt regelmäßige Zeiten* finden, wo wir über unseren Glauben, über das Evangelium und über uns selbst nachdenken können, wenn wir uns nicht über unseren inneren Zustand täuschen wollen. In unseren Gemeinschaften ... müssen regelmäßig wiederholte Zeitabschnitte der physischen Ruhe, der Stille und des äußeren Schweigens eingelegt werden. *Ein solcher Rhythmus entspricht den natürlichen Gesetzen Eures Menschseins.* Auch Jesus hat für sich selbst von dieser Notwendigkeit gewusst und ihre Ansprüche geachtet. Die ... Jahre sei-

nes öffentlichen Wirkens enthalten ... nächtliches oder morgendliches Sich-zurückziehen in die Einsamkeit, wo er in Frieden betete oder sich auch mit den Aposteln zurückzog, um einige Tage auszuruhen."

Voillaume schreibt seinen „Kleinen Brüdern" weiter:

„An dieser Stelle möchte ich Euch an das Große Gebot der wöchentlichen Ruhe erinnern, das Gott den Menschen vom Ursprung der Welt an auferlegte: die Ruhe am siebten Tag ist ein so wesentlicher Rhythmus, dass die Schöpfung von Gott seit dem Augenblick ihres Erwachens davon geprägt wurde ... Spüren wir nicht, dass es sich hier um ein besonders ernstes und schwerwiegendes Gebot handelt? Sein Übertreter wurde mit dem Tode bestraft, als habe er gegen ein lebendiges Wesen gefrevelt. Dieser Rhythmus der Ruhe ist heilig, ... so sehr, dass *die Nichtbeobachtung dieses Gesetzes im Menschen eine Entstellung des Gottesbildes nach sich zieht* ...

Sicher werden die Forderungen der Arbeit und der Liebe manchmal dazwischenkommen. Hier bedarf es der Elastizität, das wisst Ihr aus Eurer Erfahrung, aber haltet das Prinzip fest! Es wird Euch manchmal so gehen wie dem Herrn, dass Ihr bis an den Ort Eurer Einkehr verfolgt werdet und den kaum begonnenen Tag der Sammlung opfern müsst. Jesus ließ sich aus der Zurückgezogenheit holen und kam geduldig wieder, um sich erneut zum Gefangenen der Menge machen zu lassen. Aber das hinderte ihn nicht, bei der nächsten Gelegenheit sich wieder abzusetzen."

Ein Leben wird schal ohne diese Zeiten der Stille und des Schweigens, des Innehaltens und Verweilens, wo wir alles loslassen, wo alle Beschäftigung gleichsam zusammensinkt und wo wir uns in gesammelter Aufmerksamkeit dem Wort und Geheimnis Gottes ohne Vorsicht überlassen. In diesen stillen Zeiten können unsere Lebensquellen ihre Klarheit wiedergewinnen. Sie versorgen jene Stunden, in denen unser Glaube, unsere Hoffnung, unsere Liebe sich abnutzen und unsere Sehnsucht nach Gott kraftlos wird.

2. Unsere Möglichkeiten und Zeiten für das Gebet

Wie kann man sich im Alltag den Raum aktiver Distanz, diese Zeiten gesammelter Aufmerksamkeit „vor" Gott reservieren, damit unsere Energiequellen nicht versiegen? Viele haben kaum Zeit dafür und sehen oft wenig Möglichkeiten.

Madeleine Delbrêl, die über drei Jahrzehnte als Christin in einem atheistischen Milieu gelebt hat, sagt einmal: „Gott schenkt uns zu jeder Zeit *unsere Möglichkeit* zu beten, aber diese entspricht nicht immer *unseren Vorstellungen* vom Gebet. Wir haben sicher die *Zeit*, so zu beten, wie Gott will, dass wir beten, vielleicht fehlt sie uns bloß, um nach unserer Vorstellung zu beten." Dann vergleicht sie die Möglichkeiten, wie man in einem beschäftigten, umhergeworfenen städtischen Leben beten kann, mit Ölbohrungen. Sie sagt: „Um ausreichend Brennmaterial zu haben, hat man früher Tausende von Quadratkilometern Wald abgeholzt und in weitläufigen Systemen unterirdischer Stollen Kohle abgebaut. Aber um eine Ölschicht zu erreichen, braucht man wenig Grundfläche. Man bohrt schmale senkrechte Schächte in die Tiefe, bis die Energiequelle erschlossen ist."

So ist heutzutage in manchem städtischen Leben das Gebet nur durch Bohrungen möglich, wobei Intensität die Dauer ersetzt. Solch kraftvolles und absichtsloses In-die-Tiefe-Gehen strebt zu Gott in konzentrierten Akten des Glaubens, der Hoffnung und der Liebe. Ihre Beharrlichkeit ist wie eine gebrochene Linie, aber ihr wiederholter Vorstoß erreicht die Tiefe zu der Stunde, die Gott bestimmt, an der Stelle, wo er sich einem erschließt.

Man darf allerdings nicht vergessen, dass Bohrungen nicht improvisiert werden. Sie lassen sich noch weniger als die Ausbeutung eines Waldes oder eines Flözes improvisieren. Ist die Ölschicht einmal festgestellt, sucht man den am leichtesten durchdringbaren Grund, plant die technische Installation und verschafft sich Maschinen, deren Stärke dem erwarteten Widerstand entsprechen.

Um also in unserem Leben zu bohren und darin Gebetsschächte in die Tiefe zu treiben, gilt es, *im voraus* die verfügbaren Räume zu entdecken und die günstigsten Augenblicke wahrzunehmen, um am besten jene Stunden versorgen zu können, in denen Glaube, Hoffnung und Liebe zu versiegen scheinen.

So ist Madeleine Delbrêl dazugekommen, *das Unerlässliche und das Mögliche von Gebetszeiten zu entdecken und auszuloten.* Wir brauchen Phantasie und Entschlossenheit, um *unsere* Möglichkeiten und Zeiten zum Gebet wahrzunehmen, in denen unsere Lebensquellen ihre Klarheit wiedergewinnen, sonst wird es uns so gehen wie dem Simon und seinen Gefährten: Sie entdecken plötzlich, dass Jesus sich von ihnen zurückgezogen hat. Erst in der Einsamkeit beim Gebet finden sie ihn wieder (vgl. Mk 1,35–39).

3. Vorgegebene Übungen

Zu der Entschiedenheit, *unsere* Möglichkeiten und Zeiten für das Gebet wahrzunehmen, gehört auch die ausdrückliche Absicht, Gott an uns handeln zu lassen. Diese Absicht bleibt aber Illusion, solange wir uns nicht mit einer gewissen Kontinuität *vorgegebenen* Übungen unterziehen, d. h. Übungen, die unserer Beliebigkeit entzogen sind und die wir unabhängig von unserer augenblicklichen Gestimmtheit praktizieren.

Pablo Casals schreibt in seinen Lebenserinnerungen:

> „Die letzten achtzig Jahre habe ich jeden Morgen auf dieselbe Weise begonnen, nicht etwa mechanisch, aus bloßer Routine, sondern weil es wesentlich ist für meinen Alltag: Ich gehe ans Klavier und spiele zwei Präludien und zwei Fugen von Bach. Anders kann ich es mir gar nicht vorstellen. Es ist so etwas wie ein Haussegen, aber es bedeutet mir noch mehr: die immer neue Wiederentdeckung einer Welt, der anzugehören ich mich freue. Durchdrungen von dem Bewusstsein, hier dem Wunder des Lebens selbst zu begegnen, erlebe ich staunend das schier Unglaubliche: ein Mensch zu sein. Diese Musik ist niemals dieselbe für mich, niemals! Jeden Tag ist sie wieder neu, phantastisch, unerhört ..."

Eine solche vorgegebene Übung im Alltag hält uns in der Bewegung des Lebendigen. Welche vorgegebene Gebetsübung wir auch immer wählen, wichtig ist, dass sie einfach und wiederholbar ist und dass wir uns regelmäßig in dieses Übungsgeschehen hineinbegeben. Nur solche Gebets-übungen haben auf Dauer eine verwandelnde Kraft.

4. Einfache Übungen

Von unserer leib-geistigen Einheit her ist darauf zu achten, dass wir bei allen Gebetsübungen den Leib mit einbeziehen. „Zwischen dem Physischen und dem Psychischen besteht eine so enge Verbindung und Wechselwirkung, dass Unordnung in einem Sektor notwendig auf den anderen übergreift. Geist und Leib sind eins. Beides muss für das Wirken Gottes offen, verfügbar sein. Das ist die Grundlage für den ganzen inneren Kampf. Sein Ziel ist, das Geschöpf in einer dauernden Verbindung mit dem Schöpfer zu halten. Sein einziger Zweck besteht in der Vereinigung der ganzen Person mit Jesus Christus" (R. Schutz). Wie der Leib die Ursprache des Menschen ist, so kann er sich darin auch für Gottes Gegenwart öffnen. Im leibhaften Beten können wir unsere geschöpflichen Grundhaltungen wieder entdecken und zu einer ganzheitlichen Spiritualität finden. Deshalb sollen wir beim Beten in der Leibmitte verwurzelt sein und aus der Leibmitte heraus unsere Gebetsgebärden vollziehen.

Unsere Gebetstradition im Westen war nicht immer so arm an leibbezogenen Formen des Betens, wie das heute oft der Fall ist. Aus verschiedenen Gründen ist der ganze Reichtum an Gebetsgebärden, der einmal gemeinsames Gut der Kirchen des Ostens und des Westens war, „seit der Jahrtausendwende Stück für Stück verloren gegangen" (G. Bunge).

Nach Origines soll zwischen der „besonderen Beschaffenheit" der Seele während des Gebetes und der Haltung des Körpers, die wir dabei einnehmen, eine vollkommene Entsprechung bestehen. Wie die sakramentalen Handlungen müssen auch die Gebetsgebärden „sinnvoll sein, d. h. der Leib muss abbildhaft sichtbar machen, was in der Seele geschieht" (G. Bunge). Nach biblischem Verständnis ist z.B. das Stehen beim Gebet der leibliche Ausdruck für die Ehrfurcht des Geschöpfs vor seinem Schöpfer. So steht Abraham vor Gott, während er mit ihm um das Schicksal der Gerechten von Sodom ringt, im Bewusstsein, dass er nur „Staub und Asche" ist (Gen 18,22-33). Äußere Haltung und Gebärden bringen nicht nur zum Ausdruck, was im Innern des Beters vor sich geht, sondern das Äußere wirkt auch unmittelbar auf das Innere zurück. „Es besteht also eine eigentümliche Wechselwirkung zwischen innerer Verfassung und äußerer Haltung. Es ist die „besondere Beschaffenheit" der Seele, die sich in der leiblichen Haltung gleichsam eine ihr gemäße ‚Ikone' schafft" (G. Bunge).

Im folgenden möchte ich zwei einfache Übungen empfehlen, eine zum Tagesbeginn, eine andere zum Abschluss des Tages.

(1) Übung zum Tagesbeginn mit Gebetsgebärden und -worten

1. Zur Anwesenheit kommen

   Ich stelle mich aufrecht hin, die Füße in Hüftbreite voneinander, die Knie nicht durchgedrückt.

   Die Arme hängen locker von den Schultergelenken herunter, Daumen und Zeigefinger berühren sich leicht.

   Ich dehne ein wenig die Halswirbelsäule und achte darauf, dass ich im Scheitel offen bin.

   Ich versuche, mich im ganzen Leib zu spüren von der Verwurzelung im Boden bis zum Scheitelpunkt des Hauptes.

Der ganze Leib kommt am ehesten in eine gute Spannung, in eine gelöste und gesammelte Haltung, wenn ich im Lot, im Gleichgewicht bin und der Schwerpunkt des Leibes im Bauch-Becken-Raum spürbar wird.

Ich lasse die Lebensbewegung des Atems mich durchströmen und achte darauf, dass ich im Schulter- und Nackenbereich sowie in der Kieferpartie locker bin. Mit jedem Ausatmen lasse ich mich tiefer im Boden verwurzeln, mit jedem Einatmen mich aufrichten.

2. *Sich vergegenwärtigen, dass ich in Gottes Gegenwart bin*

Wenn ich mich so vom Leib her gesammelt und geordnet habe, dann versuche ich mir zu vergegenwärtigen, in wessen Gegenwart ich da bin: „Ich bin der Ich-bin-da" – wie Mose vor dem brennenden Dornbusch, „ein wirkliches Gegenüber von höchster Gegenwärtigkeit" (G. Bunge) oder wie Maria von Magdala, als der Auferstandene sie bei ihrem Namen ruft.

Ich verweile in seinem Anblick, im Bewusstsein, dass mir von Ihm ein Ansehen und eine Würde zukommt, die mir niemand nehmen kann.

3. *Sieben Gebetsgebärden*

Erste Gebärde: In Ehrfurcht, im Bewusstsein meiner Geschöpflichkeit und meiner Erlösungsbedürftigkeit verneige ich mich aus der Leibmitte heraus vor dem Geheimnis Gottes.

Zweite Gebärde: Wenn ich mich wieder aufgerichtet habe, führe ich meine Hände zusammen, so dass sich

Fingerspitzen und Handwurzeln berühren und halte sie etwa in Höhe des Brustbeins vor dem Herzzentrum. Ich verweile in Dankbarkeit für den neuen Tag.

Mein Schöpfer und mein Erlöser, mein Herr und mein Gott, mein Ursprung und meine Vollendung, mein Anfang und mein Ziel.

Dritte Gebärde: Dann öffne ich langsam meine Hände zu einer Schale vor mir – in der Bereitschaft, mich zu öffnen für das, was Gott heute für mich bereithält.

Öffne mich für Dein Wirken,
damit ich empfangen und geben kann,
was Du mir heute in die Hände legst.

Vierte Gebärde: Aus dieser Haltung heraus breite ich meine Arme weit aus wie zu einer großen Schale (Orantenhaltung).

Lehre mich Deine Wege und führe mich Deine Pfade.
Lehre mich, Dir zu dienen, wie es Dir entspricht.
Geben, ohne zu zählen.
Kämpfen trotz Angst vor den Wunden.
Arbeiten, ohne darin aufzugehen.
Mich einsetzen, ohne Lohn oder Dank zu erwarten.
Mir genüge das frohe Wissen,
Deinen heiligen Willen erfüllt zu haben.

Fünfte Gebärde: Ich lasse die Arme ein wenig sinken, so dass ich wie in Kreuzform stehe. Ich spüre meine Senkrechte von der Verwurzelung im Boden bis zum Scheitelpunkt des Hauptes und darüber hinaus. Ich spüre den Schwerpunkt meines Leibes im Bauch-Becken-Raum, die Weite meiner ausgebreiteten Arme und Hände und darüber hinaus. In Gott verwurzelt und auf ihn ausgerichtet bin ich hineingestellt in diese Welt.

Herr, lass mich die Spannungen dieses Tages aushalten, die äußeren und die inneren – in Deiner Kraft!

Sechste Gebärde: Ich wende die ausgestreckten Arme nach unten, so dass die Handflächen zum Boden schauen.

Lass mich ein Segen sein! Lass mich ein Segen sein!

Siebte Gebärde: Ich lasse die Arme wieder sinken und verneige mich noch einmal aus der Leibmitte heraus vor dem Geheimnis Gottes und dem Geheimnis meines Lebens.

Dann richte ich mich auf und verweile mit geschlossenen Augen bei dem Eindruck, den das leibhafte Beten bei mir hinterlassen hat.

Für dieses Morgengebet kann ich fast immer Zeit aufbringen (*etwa 7–10 Minuten*)

(2) Übung zum Abschluss des Tages: Tagesrückblick oder das Gebet der liebenden Aufmerksamkeit

> *Das Leben muss im Vorblick gelebt werden,*
> *kann jedoch erst im Rückblick verstanden werden.*
>
> Søren Kierkegaard

Manche Begegnungen und manche Ereignisse werden erst im Rückblick verständlich und in ihrer Bedeutung für uns erkannt. Wer sich regelmäßig Zeit nimmt, um auf einen Tag oder auf einen längeren Zeitabschnitt zurückzuschauen, wird dabei einen Zusammenhang, eine Richtung, vielleicht sogar einen tieferen Sinn für sein Leben entdecken. Wer aber Richtung und Sinn spürt, kann weiter in die Zukunft gehen und sie gestalten. So stärkt die spirituelle Übung des Rückblicks unsere Identität.

Der hl. Ignatius von Loyola hat den Tagesrückblick zu den wichtigsten Gebetsübungen gezählt. Der Rückblick am Abend „Stunde für Stunde, Zeit für Zeit" will den vergangenen Tag im Licht des Evangeliums geistlich entziffern, um die „Ordnung des Lebens" im Alltag fortzusetzen. Deshalb ist zu empfehlen, sich für diese Übung in der zweiten Hälfte des Tages eine Zeit zu nehmen, wo noch genügend Aufmerksamkeit und Wachheit vorhanden ist.

Der Tagesrückblick oder das „Gebet der liebenden Aufmerksamkeit", wie man diese tägliche Gebetsübung auch nennt, umfasst fünf Punkte:

1. Nach den Vorübungen zur Sammlung und des Zur-Ruhe-Kommens Gott bitten, die Wirklichkeit gleichsam mit Seinen Augen sehen zu dürfen. Nur in Seinem Licht schauen wir das Licht (vgl. Psalm 36,10).

2. Das Wahrnehmen meiner Wirklichkeit „Stunde für Stunde, Zeit für Zeit" wird am ehesten gelingen, wenn ich möglichst vorurteilsfrei alles vor mich kommen lasse, was sich im Verlauf des Tages ereignet und wie es mich stimmungsmäßig beeinflusst hat, also:

   Womit habe ich mich beschäftigt?
   Was hat sich ereignet, was ist geschehen?
   Welchen Menschen bin ich begegnet?
   Was hat mich dabei bewegt?

In welcher Stimmung haben mich die Beschäftigungen, Ereignisse und Begegnungen zurückgelassen?

Was bewegt mich jetzt noch?
In welche Richtung tendieren meine inneren Bewegungen?

Aus dieser Rückschau wird dann auch eine geistliche Unterscheidung der verschiedenen seelischen Impulse und Reaktionen möglich:

3. In dem Bemühen, meine Wirklichkeit so wahrzunehmen wie sie ist, geht es zunächst und vor allem darum, Gott in allen Dingen zu entdecken als den Grund der „empfangenen Wohltaten", und ihm zu danken.
   - Was hat mir innerlich Kraft gegeben, Identität, Weite?
   - Was hat mich zu Gott hin bewegt?

4. Im Licht der „empfangenen Wohltaten" gilt es dann wahrzunehmen, was im Verlauf des Tages „nicht in Ordnung" war, welchen Lebensimpulsen ich mich verweigert habe.
   - Was hat mich innerlich geschwächt, eingeengt?
   - Wo war ich mit mir nicht identisch?
   - Was hat mich von Gott entfernt?

   Indem ich mir gläubig in Erinnerung rufe, dass Gott um meinetwillen keine Mühe scheut, damit ich zu dem Bild und Gleichnis unterwegs bleibe, das Er sich von mir gemacht hat, wird es mich dazu drängen, „Gott, unseren Herrn, um Verzeihung zu bitten für die Fehler".

5. Die Entschiedenheit, mit seiner Gnade mich neu auszurichten, orientiert sich an der Grundbotschaft des

Evangeliums, dass Er uns zuerst geliebt hat. „Was wir im Auge haben, das prägt uns, dahinein werden wir verwandelt, und wir kommen, wohin wir schauen" (H. Spaemann).

Diese tägliche Übung, die „Räume" unseres Herzens im Geist des Evangeliums betend zu durchleuchten und aufzuräumen, führt zu einer tiefen Sinnerfahrung inmitten der Unwägbarkeiten und Unverträglichkeiten unseres Daseins.

Zusammenfassung der einzelnen Schritte dieser Gebetsübung

1. Nach den Vorübungen des Zur-Anwesenheit-Kommens Gott bitten, den Tag in Seinem Licht sehen zu dürfen.
2. Die Ereignisse, Begegnungen und Beschäftigungen des Tages „Stunde für Stunde" vor mich kommen lassen, zunächst ohne sie zu werten; die inneren Bewegungen, Impulse, Reaktionen wahrnehmen und zu unterscheiden versuchen, in welche Richtung sie tendieren.
3. Gott danken für die empfangenen Wohltaten.
4. Erkennen und eingestehen, was nicht „in Ordnung" war und Gott um Verzeihung bitten.
5. Mit Entschiedenheit mich der Grundausrichtung meines Lebens erneut zuwenden.

Die Tagesreflexion dauert etwa 15 Minuten. Beide Übungen sind einfach und wiederholbar. Sie können uns helfen, unserem Alltag eine geistliche Gestalt zu geben und die Sehnsucht nach Gott lebendig zu halten.

5. Ein ganzheitlicher Übungsweg (psychosomatische Basisspiritualität)

Manche werden vielleicht einen Übungsweg bevorzugen, der Leib, Seele und Geist in intensiver Weise einbezieht. Er umfasst vier Schritte und verlangt tägliche Treue zum eingeschlagenen Weg.

Seit den Anfängen des Christentums wurde es für das geistliche Leben als bedeutsam betrachtet, wie jemand sich vom Tag verabschiedet und in die Nacht hinein geht, ebenso wie er oder sie den Beginn des neuen Tages nach dem Erwachen gestaltet. Das entspricht auch biblischer Tradition. Ignatius von Loyola betont in seinem Geistlichen Übungen, dass bestimmte Konstellationen von Raum und Zeit, von Worten, Bildern und Symbolen, von bestimmten Inhalten, Handlungen und rituellen Vorgängen sehr helfen können, eine echte Wandlung in der Gottesbeziehung zu ermöglichen, sodass ich im Kraftfeld dieser Beziehung mein Leben gestalte.

(1) Vor dem Schlafengehen liest man in der Hl. Schrift oder in einem Buch mit spiritueller Substanz, z. B. in einer guten Hagiographie. Dabei ist es wichtig, das Gelesene mit dem eigenen Leben in Beziehung zu bringen. Durch die geistliche Lektüre werden die Gedanken und Gefühle gereinigt und mit Gott in Verbindung gebracht. Was uns vom Tag noch beschäftigt, kann abklingen. Neue Inspiration und Ausrichtung können uns geschenkt werden. *Zeitdauer etwa 15–20 Minuten.*

(2) Der folgende Morgen beginnt vor dem Frühstück mit Leibübungen (Dehnungs-, Lösungs- und Wahrnehmungsübungen, die den Kreislauf aktivieren; keine Eutonie un-

mittelbar nach der Nachtruhe!) oder mit einem Lauf, der in rhythmischen Bewegungen den Leib ganzheitlich lockert und durchlässig macht. Das leibliche Exerzitium führt zu innerer Sammlung. Dabei können Worte und Inhalte aus der abendlichen Lektüre wieder aufsteigen und an Kraft gewinnen. *Zeitdauer etwa 10–20 Minuten.*

(3) Nach dem Duschen nimmt man eine leibliche Haltung ein, die einerseits körperliche Ruhe und Durchlässigkeit sowie geistige Wachheit und Empfänglichkeit fördert, andererseits Ausdruck der Ehrfurcht und Sammlung vor dem Geheimnis Gottes ist. Dabei wird es eine Hilfe sein, sich nach Art der kontemplativen Gebetstradition mit einem kurzen Gebetswort oder einer kurzen Gebetsformel gegenwärtig zu halten. Das unablässige ruhige Wiederholen des Gebetswortes oder -satzes ermöglicht, die eigenen Gedanken, Wünsche und Sorgen leichter hinter sich zu lassen. Man kann das Gebetswort auch mit dem Rhythmus des Atems verbinden.

Für diese Gebetszeit empfiehlt es sich, am Abend vorher den Raum atmosphärisch so zu ordnen, dass er zu Stille, Sammlung und Andacht einlädt. *Zeitdauer etwa 20–30 Minuten.*

(4) Es empfiehlt sich, kurz schriftlich festzuhalten, was uns im Verlauf oder im Gefolge dieses Übungsgeschehens aufgegangen ist bzw. was uns bewegt hat. Diese Notizen sollten möglichst kurz und prägnant sein. Man kann sich jeden Tag Notizen machen, wenigstens aber innerhalb einer Woche, um der eigenen Erfahrung Ausdruck und Gestalt zu geben und nach und nach die Spur zu entdecken, die wir geführt werden.

Wenn möglich, sollte man die Übungen jeweils zur selben Zeit und am selben Ort wie einen Ritus durchführen. Ein solcher täglich praktizierter *ganzheitlicher* Übungsweg wirkt sich auch psychosomatisch heilend aus und stärkt die seelisch-geistigen Kräfte.

6. Eine zusammenfassende Orientierung für das tägliche Beten

(1) Nimm dir nicht zu viel vor. Entschließe dich zu einer Gebetszeit von 20–30 Minuten. Wenn das nicht möglich ist, dann liegt das nicht an deinem hektischen Lebensstil oder an deiner beruflichen Belastung, sondern daran, dass du falsch lebst.

(2) Such dir nach Möglichkeit eine feste Zeit. Bete nicht nur, wenn dir danach zumute ist, sondern wenn die Zeit dafür gekommen ist. Mach dich unabhängig von deiner Tagesform, deiner augenblicklichen Stimmungslage und deinen aktuellen Bedürfnissen.

(3) Wähle nach Möglichkeit einen festen Ort, der auch atmosphärisch zu Stille, Sammlung und Andacht einlädt. Beten ist – wie eine gute Beziehung – auf Dauer angelegt. Deshalb sind Zeiten, Orte, bestimmte Rituale und Methoden hilfreich. Sie bereiten das Herz.

(4) Beginne also deine Gebetszeit nicht irgendwie, sondern mit einem kleinen Ritual:

- Zünde eine Kerze an. Versuche zur Anwesenheit zu kommen, dich in deinem Leib zu spüren und werde dir bewusst, dass du in Gottes Gegenwart bist, im Blick seiner Güte und Treue.

- Beginne mit einer Gebärde: z.B. Verneige dich in Ehrfurcht vor dem Geheimnis Gottes. Die Gebärde kannst du mit einer Gebetsformel verbinden, z.B. „O Gott, komm mir zu Hilfe!“
- Nimm eine leibliche Haltung ein, die einerseits körperliche Ruhe und Durchlässigkeit, sowie geistige Wachheit und Empfänglichkeit fördert, andererseits Ausdruck der Ehrfurcht und Sammlung vor dem Geheimnis Gottes ist.
- Wähle den Meditationstext, z.B. einen Abschnitt aus der Bibel, vor deiner Gebetszeit aus. Suche ihn nicht erst während der Gebetsübung.
- Beende Deine Gebetszeit mit einer Gebärde, einem „Ehre sei dem Vater ...“ oder einer anderen Gebetsformel.

(5) Es ist nicht wichtig, dass bei einer Gebetsübung etwas herauskommt. Wichtig ist, dass etwas hereinkommt. Das aber zeigt sich oft erst (viel) später. Versuche also, dich nicht unter Leistungsdruck zu setzen.

(6) Im Aushalten von Trockenheit und Missmut wird dein Herz von narzistischen Anteilen deines eigenen Verlangens, deiner eignen Zielsetzung und deiner eigenen Ideale geläutert.

(7) Wenn du nicht beten kannst, zwinge dich nicht dazu. Aber mach nicht irgendetwas anderes. Bleib an deinem Ort, verhalte dich auf andere Weise still, z. B. setz dich hin und lies einen Abschnitt aus der Hl. Schrift oder einen anderen geistlichen Text. Halte deine vorgesehene Zeit frei. Bleib im „Vorhof des Tempels“.

(8) Was du regelmäßig tust, hat nicht die Intensität des ersten Males und die Faszination des Einmaligen. Wiederholungen, Vertrautheit des Rituals, auch Eintönigkeit gehören zur alltäglichen Gestaltung deiner Frömmigkeit. Alles, was nicht Form und Gestalt annimmt, alles, was nicht inszeniert und zur Methode wird, hat langfristig keinen Bestand.

(9) Wenn dein Bemühen zu beten nur halbwegs gelingt oder manchmal gar scheitert, dann verlier deinen Humor nicht und vertrau den Worten des hl. Paulus: „Der Geist nimmt sich unserer Schwachheit an. Denn wir wissen (manchmal) nicht, was wir in rechter Weise beten sollen. Der Geist selber tritt jedoch für uns ein mit unaussprechlichen Seufzern. Der die Herzen erforscht, weiß, was die Absicht des Geistes ist. Denn er tritt so, wie Gott es will, für die Heiligen ein“ (Röm 8,26f.).

(10) Nicht zuletzt werden deine Gebetsversuche aufgenommen und getragen vom Gebetsstrom der Menschen auf dem weiten Erdenrund, auch von den Generationen, die vor uns ihr Herz zu Gott erhoben haben.

Literatur

Gabriel Bunge, Irdene Gefäße. Die Praxis des persönlichen Gebetes nach der Überlieferung der heiligen Väter, Würzburg [2]1997

Ulrich Dobhan, Teresa von Avila. Gotteserfahrung auf dem Weg in die Welt, Olten 1979

Ders., Teresa von Avila, Das Buch meines Lebens, vollständige Neuübertragung, Freiburg 2001

Madeleine Delbrêl, Gebet in einem weltlichen Leben, Einsiedeln 1974

Balthasar Stähelin, Die psychosomatische Basistherapie, Schlattingen 1985

Fulbert Steffensky, Der alltägliche Charme des Glaubens, Würzburg [7]2014

René Voillaume, Mitten in der Welt, Freiburg 1960

DRITTES KAPITEL
Beten mit der Heiligen Schrift

Eine zentrale Orientierung für das eigene Leben und unsere Beziehung zu Gott finden wir in den Texten der Hl. Schrift. Bei ihnen haben wir es in der Hauptsache mit dem Niederschlag von Erfahrungen zu tun, die andere Menschen zu anderer Zeit mit jener Wirklichkeit gemacht haben, die sie kaum mit Namen zu nennen wagten, – jener Wirklichkeit, die sie in ihrem Leben entdeckt und bekannt haben, und zu der sie doch immer unterwegs blieben, – jener Wirklichkeit, die sie ganz herausforderte, die unbegreiflich ihnen doch näher war als sie sich selbst: – GOTT.

Beim betenden Umgang mit einem Schrifttext geht es zunächst darum, mit der Lebens- und Glaubenserfahrung einer biblischen Geschichte meine aktuelle Lebens- und Glaubenswirklichkeit anzuschauen und miteinander ins Spiel zu bringen. Viele biblische Geschichten sprechen mehr vom Unglauben der Menschen als von ihrem Glauben. Unglaube gehört auch zu meiner Wirklichkeit und darf also auch in diesem Begegnungsgeschehen sich zeigen.

Bei der Meditation eines biblischen Textes kommt es vor allem darauf an, dass ich etwas für mich, für mein Leben Bedeutsames entdecke, dass ich spüre: hier bin ich gemeint; hier bin ich persönlich angesprochen. Von dieser *Neuentdeckung* bekommt der Schrifttext Farbe und Geschmack. Deshalb hängt das „Gelingen“ der biblischen

Meditation wesentlich davon ab. Ignatius sagt in seinem Exerzitienbuch (EB): Wenn der Übende „die wahre Grundlage der Geschichte dadurch erfasst, dass er sie vollständig überdenkt und auf ihren Grund dringt, und wenn er dabei irgendetwas neu entdeckt, das die Geschichte ein wenig mehr aufhellt oder verkosten lässt ..., so gibt das mehr Geschmack und geistliche Frucht ...". Was der Seele wohltut, ist „das Spüren und Verkosten der Dinge von innen her" (vgl. EB 2).

Erst wenn wir uns vom Wort und Geheimnis Gottes berühren lassen, kommt es zu einer *spirituellen Begegnung mit dem biblischen Text.* Das persönliche Neuentdecken sowie das „Verspüren und das Verkosten" des Schrifttextes von innen her sind ein zutiefst gnadenhaftes Geschenk. In Lk 24 wird daran erinnert, dass erst die von Jesus und seinem Geist geschenkte Auslegung den vollen Sinn der biblischen Schriften erschließt. Es gibt ein Verständnis der Schrift, das aus verborgenem Unglauben resultiert: „O ihr Unverständigen, wie schwer wird es euren Herzen, an alles zu glauben, was die Propheten gesagt haben? Musste nicht der Messias leiden und (so) in seine Herrlichkeit eingehen?" (Lk 24,25f.) So muss Jesus selbst uns Herz und Verstand öffnen, damit wir von seinem Wort so berührt werden, dass wir wie die Emmausjünger sagen können: „Brannte nicht unser Herz in uns, als er auf dem Weg zu uns sprach und uns die Schrift erschloss?" (V. 32). Madeleine Delbrêl sagt einmal: „Das Evangelium ist das Buch des Lebens unseres Herrn, und es ist da, das Buch unseres Lebens zu werden. Es ist nicht da, um verstanden, sondern um wie eine Schwelle zum Geheimnis angenähert zu werden. Es ist nicht da, um gelesen, sondern um in uns aufgenommen zu werden ... Die

Worte des Evangeliums werden erlitten und ausgehalten ... Die Worte des Evangeliums durchwalken uns, verändern uns, bis sie uns gleichsam in sich einverleiben. Die Worte des Evangeliums sind wundertätig. Sie verwandeln uns nur deshalb nicht, weil wir die Wandlung nicht von ihnen begehren. Aber in jedem Ausdruck Jesu, in jedem seiner Beispiele wohnt eine überwältigende Kraft, die damals heilte, reinigte, auferweckte, falls einer ihm gegenüberstand wie der Gelähmte oder der Hauptmann, bereit, unverzüglich im vollen Gehorsam zu handeln ...

Wenn wir unser Evangelium (hören und) in Händen halten, sollten wir bedenken, dass das Wort darin wohnt, das in uns Fleisch werden will, das uns ergreifen möchte, damit wir ... an einem neuen Ort, zu einer neuen Zeit, in einer neuen menschlichen Umgebung sein Leben auf's Neue beginnen".

Der folgende Text gibt eine Orientierung für die Meditation eines biblischen Textes.

Wie meditiere ich einen biblischen Text?

1. **Sich vorbereiten:** Der Kirchenvater Ephraem der Syrer vergleicht die Vorübungen zum Gebet mit den Vorbereitungen der Perlenfischer. Sie verlassen ihre Hütten und gehen an den Strand. Dort legen sie alles ab, was sie am Tauchen hindert. Dann fetten sie sich ein und suchen sich einen geeigneten, handlichen Stein, mit dem sie abtauchen können, um zu den Perlen zu gelangen ...

So muss ich auch, wenn ich einen biblischen Text meditiere, alles hinter mir lassen und alles ablegen, was mich daran hindert, mit Leib und Geist ganz „da" zu sein. Dann suche ich mir einen geeigneten Stein, einen bestimmten, mir entsprechenden Übungsweg, der mich in die richtige Tiefe führen kann.

Neben den Vorübungen zur Sammlung und des Zur-Ruhe-Kommens gehört zunächst die ausdückliche Absicht, sich vom Wort der Schrift ansprechen und verwandeln zu lassen, in das Bemühen jeder Meditation hinein. Das Ziel aller biblischen Meditation ist: hineinzuwachsen in die Gesinnung, die dem Leben in Christus Jesus entspricht (Phil 2,5). Diese Intention formuliere ich in einem *Vorbereitungsgebet.* Dazu mag das folgende Gebet eine Hilfe sein:

Herr, Du allein weißt,
wie mein Leben gelingen kann.
Lehre mich,
in der Stille Deiner Gegenwart
das Geheimnis zu verstehen,
wie in der Begegnung mit Dir,
wie in Deinem Anblick
und in Deinem Wort
Menschen sich erkannt haben
als Dein Bild und Gleichnis.

Hilf mir loszulassen,
was mich daran hindert,
Dir zu begegnen
und mich von Deinem Wort
ergreifen zu lassen.

Hilf mir zuzulassen,
was in mir Mensch werden will
nach dem Bild und Gleichnis,
das Du Dir von mir gemacht hast.

Nach dem Exerzitienbuch des hl. Ignatius von Loyola ist das Vorbereitungsgebet:

„von Gott unserm Herrn die Gnade erbitten dazu hin, dass alle meine Absichten, Handlungen und Beschäftigungen rein im Dienst und in der Verherrlichung Seiner göttlichen Majestät geordnet seien“ (EB 46).

2. **Lesen, bitten:** Dann lese ich den ganzen Schrifttext langsam und wiederholt durch und bitte den Herrn, dass Er mir die biblische Szene erschließe, damit ich entdecke, was Er mir zeigen will.

3. **Suchen, entdecken:** Bei der Meditation eines biblischen Textes kommt es vor allem darauf an, dass ich etwas entdecke, was mich ganzheitlich anspricht und in „Bewegung“ bringt. Darum muss ich selbst das Gelesene Wort für Wort und Satz für Satz und/ oder Szene für Szene, Person für Person absuchen, so lange, bis ich auf etwas stoße, das mich selber angeht: z.B. ein Wort, das mich stärkt und befreit oder eine plötzliche Einsicht, die mich heilsam schmerzt oder beunruhigt. Jede kleine „Bewegung“ in Richtung auf den verborgenen Schatz im Acker des Textes muss zunächst einmal wahrgenommen werden. Sie führt zum Aufhellen und „Verkosten“ des Meditationstextes von innen her.

4. **Verweilen:** Ich verweile jeweils bei dem, was mich persönlich anspricht und „bewegt“, und zwar so lange, bis es sich „erschöpft“ hat. Sonst verliert sich das eben Entdeckte im Gedränge ruheloser Gedanken und flüchtiger Eindrücke. Es kommt nicht zu einem „Spüren und Verkosten von innen her“. Erst dann mag ich weiter im Acker des Schrifttextes graben.

5. **Beenden:** Es ist wichtig, dass die Meditation einen ausdrücklichen Abschluss findet. Das kann geschehen

- mit einem persönlich formulierten Gebet, in dem meine Antwort widerklingt auf das, was mich im Verlauf der Meditation „bewegt“ hat (loben, danken, bitten ...).
- mit einer kurzen Gebetsformel, z. B. „Ehre sei dem Vater ...“
- mit einer (tiefen) Verneigung.

6. **Reflektieren, notieren:** Der vorgelegte biblische Text steckt den Rahmen ab, innerhalb dessen ich auf die Suche gehe. Das ist eine Beschränkung im *Rahmen*, nicht in der *Tiefe*. Einer weitergehenden Vertiefung dient dann die *Reflexion* unmittelbar nach der Gebetszeit und die *Wiederholungsmeditation(en)* zu einer späteren Zeit:

Nach jeder Meditation empfiehlt es sich, eine Weile (etwa eine Viertelstunde) darüber nachzusinnen, was sich im Verlauf der Meditation so getan oder nicht getan hat. Welches Gefühl, welches Verlangen, welche Einsicht, welcher Gedanke, welches Wort, welche Frage, kurz: welcher Impuls hat mich angesprochen, „bewegt“? Welche Entdeckung habe ich gemacht? Es empfiehlt sich, meine Entdeckung(en) bzw. das, was mich „bewegt“ hat, schriftlich festzuhalten. Diese Notizen sollten kurz und, wenn möglich, prägnant sein. Diese Rückschau bereitet die nächste Meditation vor, in der ich auf die Anregungen aus der vorangegangenen Meditation zurückkomme.

7. **Vertiefen:** Im Exerzitienbuch des hl. Ignatius findet sich des öfteren die Anweisung, zu einer *vertiefenden Wiederholung*, „wobei jene Punkte festzuhalten sind und bei ihnen eine Pause zu machen ist, bei denen ich je größeren

Trost oder Trostlosigkeit oder je tieferes Verspüren des Geistes empfunden habe", oder an anderer Stelle: „wobei immer einige jener bedeutsameren Teile beachtet werden, bei denen ich eine bestimmte Erkenntnis, Tröstung oder Trostlosigkeit verspürt habe" (EB 62 und 118).

In diesem wiederholenden Übungsgeschehen kann sich ein anfänglicher Impuls, eine erste Entdeckung vertiefen. Wenn ich so am selben Text bleibe, kann er mir „neue Funde" ermöglichen. Diese werden ebenfalls schriftlich festgehalten. Der Vorgang wird solange wiederholt, bis der Schrifttext nichts Neues mehr für mich hergibt.

Alle Wiederholungsmeditationen beginnen mit der gleichen Vorbereitung und Einstellung wie die vorausgegangene Textmeditation und werden auch in gleicher Weise abgeschlossen. So kann ich mich dafür disponieren, allmählich in die Dynamik des Schrifttextes, in die Tiefe des meditierten Glaubensgeheimnisses hineinverwandeln zu lassen.

- **Begegnen:** Durch diesen **Übungsweg** bereite ich mich für die Begegnung mit DEM, DER sich im Wort der Schrift zu erkennen gibt. Ich spüre, wo ich mit Seinem Weg übereinstimme und wo ich mich IHM verweigere.
- **Mit Ehrfurcht:** Wer einen biblischen Text meditiert, muss sich um eine Haltung der Ehrfurcht bemühen gegenüber dem eigentlich Handelnden: GOTT.

  Das persönliche Neuentdecken sowie das „Verspüren und Verkosten" des Meditationsstoffes von innen her sind ein zutiefst **gnadenhaftes Geschenk.** Erst die von Jesus und seinem Geist geschenkte Auslegung kann den vollen Sinn des biblischen Textes erschließen.

- **Mit Entschiedenheit:** Wer sich um den Acker eines Schrifttextes müht, kann nur „Erfolg" haben, wenn er von vornherein entschlossen ist, auch zu tun, was er erkennen wird. Wer erst im Nachhinein entscheiden möchte, ob er das für sich als „stimmig" Erkannte auch verwirklichen will, verbaut sich von vornherein den Weg für ein tieferes Erfassen und Ergriffenwerden vom Wort Gottes. „Selig, die das Wort Gottes hören, um es zu befolgen" (Lk 11,28; vgl 8,21).

Manchmal sind geistliche Auslegungen, die auf lange und erschöpfende Ergänzungen ebenso verzichten wie auf einengende Aktualisierung eine gute Hilfe, z. B.

Jakobs Kampf am Jabbok: Gen 32,23–33

1. Jakob hat den Grenzfluss erreicht, der ihn noch vom Land seiner Väter und Mütter trennt. Bevor er heimkehren kann, muss er eine Grenze überschreiten, die mitten durchs eigene Leben verläuft – und das im Dunkel der Nacht.

Was treibt Jakob dazu, „in jener Nacht" seine ganze Familie und all seinen Besitz über den Fluss zu bringen, selbst aber allein zurückzubleiben? Ist es Kalkül oder innere Notwendigkeit, ein starker seelischer Impuls, dem er sich nicht entziehen kann? Plötzlich wird er überfallen und in einen Kampf auf Leben und Tod verwickelt. Jakob leistet zähen Widerstand.

Man kann in dem Angriff des Fremden aus dem Dunkel der Nacht wohl nicht nur die Auseinandersetzung mit dem eigenen Schatten sehen. Hier ist mehr im Spiel. Die Erzählung lässt am Ende keinen Zweifel daran, dass Gott der Angreifer ist. Aber warum braucht Gott für seinen

Überfall auf Jakob die Nacht? Was soll da im Dunklen bleiben?

Als der Angreifer schließlich einsehen muss, dass er Jakob nicht niederzwingen kann, verrrenkt er ihm die Hüfte. Aber der verletzte Jakob gibt nicht auf. Warum hält er so verbissen an seinem Angreifer fest, der doch bei heraufziehender Dämmerung von ihm lassen will?

In diesem entschlossenen Sich-Festklammern Jakobs an seinen Angreifer gibt es einen kurzen Wortwechsel zwischen beiden, der Aufschluss geben kann. Jakob will nicht von seinem Gegner lassen, es sei denn, er segnet ihn. Es sieht so aus, als habe er längst gespürt, dass Gott sein Angreifer ist und dass er am Ende dieses nächtlichen Ringens und Kämpfens nur noch ihn hat. Was ist Jakob ohne Gott?

Vielleicht hat Jakob erkannt, dass er alles loszulassen vermag – nicht freiwillig und nicht ohne Widerstand, möglicherweise auch nur, weil er von Gott so schmerzlich berührt wurde. Aber auf keinen Fall darf er von seinem Gott lassen, selbst wenn der ihn lebens-gefährlich bedroht. Jakob hat in dieser Nacht das Kämpfen gelernt mit einem Gott, dem man den Segen abringen kann. Im Kampf ist er ein anderer geworden. Deshalb bekommt er einen neuen Namen: Israel (Gottes-kämpfer). Der Name steht hier für das innerste Wesen der Person. Zuvor muss er sich aber zu seinem betrügerischen Wesen in der Vergangenheit bekennen: Jakob, der Betrüger.

Jakobs Frage nach dem Namen seines Angreifers bleibt unbeantwortet und doch wieder nicht: „Und er segnete ihn dort". Der Segen steht anstelle des Namens. „Gott und sein Segen sind in ihrer Erfahrbarkeit für den Menschen identisch ... Name und Segen stehen für Gott – sind Gott selbst" (H. Spieckermann).

2. Gott so unmittelbar zu begegnen wie Jakob ist für den Menschen lebensbedrohlich. Deshalb wird die Erfahrung Jakobs an der Grenze zum Land seiner Verheißung ausdrücklich als Ausnahme gesehen: „Ich habe Gott von Angesicht zu Angesicht geschaut und bin am Leben geblieben" (V. 31). Er ist noch einmal davon gekommen. Auf diesem Hintergrund kann man Jakobs Kampf am Jabbok auch als Gottesschau verstehen.

Die Berührung durch Gott hat bleibende Folgen. Er wird zeitlebens ein von IHM Gezeichneter: „Er aber hinkte an seiner Hüfte", als er in der Morgensonne den Ort des nächtlichen Kampfes verlässt. Die Verletzung ist Zeichen des Gott abgerungenen Segens. Einen solchen Segen kann man sich nicht erschleichen, und er bleibt nicht ohne Spuren des Kampfes. Er wird dem Menschen nur zuteil, wenn er von Gott nicht ablässt, selbst wenn dieser ihn attackiert und verletzt.

Was ist das für ein Gott? Viel gibt „jene Nacht" nicht preis. Das Geschehen am Jabbok bleibt geheimnisvoll. In den Väter- und Müttergeschichten zeigt sich Jahwe auch von seiner dunklen, dem Menschen widersprüchlichen Seite. Eines aber dürfte sichtbar geworden sein: Die Wandlung von Jakob zu Israel war nur möglich aufgrund des Gotteskampfes, bei dem Jakobs überkommenes Gottesverständnis buchstäblich ausgerenkt wurde, und er so zu einer persönlichen Gottesbeziehung fand. So kann er im Licht eines neuen Morgens als ein wahrhaft Gesegneter den Boden der Verheißung betreten.

Der letzte Vers erinnert an einen Brauch, mit dem die Ehrfurcht vor dem Geheimnis jener Nacht in der Erinnerung wach gehalten wird.

3. Wenn man vom bisherigen Erzählverlauf her die Listen und Tücken Jakobs betrachtet, dann kann man zu dem Schluss kommen, dass er seine Familie und seinen gesamten Besitz über den Fluss gebracht hat und selbst allein zurückgeblieben ist, weil er *so* seine eigene Haut am besten in Sicherheit bringen konnte. Es wäre also ein letzter geschickter Schachzug, um der befürchteten Rache Esaus zu entkommen. So arbeitet Jakob mit seiner realistischen Einstellung und seiner Raffinesse den Plänen zu, die Gott als Verheißung über sein Leben gelegt hat (Gen 28, 13-15).

(Aus: Peter Köster, Die Anfänge Israels, die Väter- und Müttergeschichten aus dem Buch Genesis und die Erzählungen der Exodustradition Israels. Eine geistliche Auslegung auf fachexegetischer Grundlage, EOS ³2014)

Der Glaube der Heidin: Mk 7,24–30

Zusammenhang: Die vorausgehende Auseinandersetzung mit den Pharisäern und einigen Schriftgelehrten aus Jerusalem (Mk 7,1–13) gipfelt in dem Vorwurf Jesu, sie würden Gottes Wort zugunsten menschlicher Satzung außer Kraft setzen. Mit schonungsloser Offenheit deckt er ihre wahre Gottesbeziehung auf und warnt das Volk und seine unverständigen Jünger vor der Gefahr, sich mit der äußeren Beobachtung religiöser Vorschriften über die wahre Gesinnung ihres Herzens hinwegzutäuschen (Mk 7,14–23). Jesus hat sich praktisch schon vom offiziellen Judentum getrennt. Der Übergang des Evangeliums von Israel zu den

Heiden kündigt sich an. Dieser Hintergrund ist bei dem Aufbruch Jesu in das Gebiet von Tyrus mit zu berücksichtigen.

1. *Mk 7,24*: Jesus zieht sich zurück. Er will allein sein und unerkannt bleiben. Seine Jünger werden in dieser Geschichte mit keinem Wort erwähnt. Vielleicht weicht er auf heidnisches Gebiet aus, um sich dem Ansturm menschlicher Not (Mk 6,53-56) und der ständigen Angriffe und Auseinandersetzung mit der religiösen Reformpartei der Pharisäer und ihrer Schriftgelehrten für eine Weile zu entziehen. Kein Mensch ist unbegrenzt belastbar, auch Jesus nicht. Sein Verhalten macht deutlich, dass wir Grenzen haben, die wir nicht ohne Schaden für uns und andere übergehen dürfen. Jesus hat das starke Verlangen, in Ruhe gelassen zu werden. Aber auch hier muss er – wie so oft – die Erfahrung machen, dass er nicht verborgen bleiben kann (vgl. Mk 1,45; 2,1; 3,7; 6,30-34).

2. *Mk 7,25-28*: Kaum hat Jesus sich in ein Haus zurückgezogen, als eine heidnische Frau davon hört, zu ihm läuft und sich ihm zu Füßen wirft mit der Bitte, ihre kleine Tochter von einem „unreinen Geist" zu befreien. Die Not, die diese Frau mit ihrer Tochter hat, muss groß sein. Was hier mit dem Wort „Dämon" bezeichnet wird, scheint darauf hinzudeuten, dass ihr Kind wie unter einer fremden, bösartigen Macht steht und dem Einflussvermögen der Mutter entzogen ist, so als müsse sie ohnmächtig mit ansehen, wie ihre Tochter ins Unglück gestoßen oder in den Untergang getrieben wird. In ihrer Entschlossenheit, das Kind wieder frei zu bekommen – koste es, was es wolle – geht sie bis zu einer Art des Bittens, die wir vielleicht als demütigend empfinden.

Jesu Antwort auf die herzzerreißende Not der Frau zu seinen Füßen wirkt befremdlich: „Lass zuerst die Kinder satt werden! Es ist ja nicht recht, das Brot der Kinder wegzunehmen und den Hündlein vorzuwerfen." Mit den „Kindern" sind die Juden gemeint, die sich als Söhne und Töchter Jahwes verstehen. Mit „Hunden" bezeichneten die Rabbinen Heiden, Gottlose und Gesetzesunkundige. Auch in der abgemilderten Form „Hündlein" wirkt die Metapher noch schroff und verletzend.

Vielleicht ist die Irritation über das als anstößig wirkende Verhalten Jesu weniger befremdlich, wenn man bedenkt, wie es einem Menschen geht, der müde und erschöpft gerade an einem Ort der Ruhe angekommen ist und gleich wieder ganz in Anspruch genommen wird. Da meldet sich ganz spontan Unwillen und Abwehr, die sich hier mit alten Vorurteilen Israels gegenüber den Heiden verbinden können. Kein Mensch ist frei von Vorurteilen, die sich über Jahrhunderte in einem Volk gebildet haben.

Tyrus war eine reiche Stadt, die im galiläischen Hinterland landwirtschaftliche Produkte aufkaufen musste. Bei den immer wieder eintretenden Dürren und Versorgungskrisen war die Stadt finanziell stark genug, Getreide auch für teures Geld aufzukaufen. Aber auch in den normalen Zeiten werden die Bauern in den jüdisch besiedelten Gebieten das Gefühl nicht los geworden sein, für die Reichen der Stadt produzieren zu müssen, während sie selbst sich eher schlecht als recht durchschlagen mussten. Auf diesem Hintergrund könnte das Jesuswort sagen: „Lasst zuerst die armen Leute im jüdischen Hinterland satt werden! Denn es ist nicht gut, das Brot der armen Leute zu nehmen und es den reichen Heiden (Hunden) in den Städten hinzuwerfen."

Jesus würde also der privilegierten Frau aus Tyrus mit einem Vorurteil antworten, das aus der sozialen und wirtschaftlichen Situation heraus entstanden ist.

Vermutlich will aber das Bildwort den heilsgeschichtlichen Vorrang Israels vor den Heiden betonen und so die Überzeugung Jesu ausdrücken, dass er seine Sendung zu den „Kindern" Israels noch nicht erfüllt sieht. Auch wenn damit die Verheißung an die Heiden anklingt, ist Jesu Reaktion auf die gegenwärtige Not der Mutter zu seinen Füßen eine klare Abweisung. Wie auch immer – es sieht so aus, als brauche Jesus Zeit, um sich in dieser ungewohnten Situation mit seinen Einsichten und Überzeugungen neu zu orientieren.

Doch die Frau lässt sich nicht abweisen. Sie greift Jesu Bildwort auf und sagt zu ihm: „Herr, doch auch die Hündlein unterm Tisch essen von den Bröckchen der Kinder", m.a.W.: Den „Kindern" geht nichts ab, wenn die „Hündlein" das bekommen, was für sie abfällt. Die Not dieser Mutter ist so elementar, dass sie alle Vorurteile oder Privilegien gelten lässt, wenn sie nur für sich das bekommt, was in ihrem Haus den Hündlein gewährt wird. In bedingungslosem Vertrauen bittet sie Jesus um einen „winzigen Brocken" (psíchion) von der Fülle des Heils für ihre „besessene" Tochter.

3. *Mk 7,29-30*: Einem solchen Glauben kann Jesus nicht widerstehen. Er schickt die Frau nach Hause: „Geh! Ausgefahren aus deiner Tochter ist der Dämon." Im Glauben an die Verlässlichkeit des Wortes Jesu macht sie sich auf den Weg und erfährt so die Erfüllung ihrer Bitte.

An dieser unbekannten Heidin schildert Markus, was Glaube ist. Anders als die Schriftgelehrten und Pharisäer und ohne sich auf Eigenleistung und Privilegien zu berufen, vertraut sie sich Gottes helfender Macht in Jesus an. Ihr Glaube ist größer als sein Widerstand. Sie verhilft Jesus zu einer neuen Erfahrung.

(Aus: Peter Köster, Lebensorientierung am Markusevangelium, Eine geistliche Auslegung auf fachexegetischer Grundlage, EOS ²2010)

Kontemplation eines biblischen Textes nach Ignatius von Loyola

Eine mehr kontemplative Annäherung an einen biblischen Text findet sich im Exerzitienbuch des hl. Ignatius von Loyola. Sie basiert auf der von der patristischen Tradition getragenen mittelalterlichen Exegese. Diese Gebetsweise ist ein Weg, wie sich dem Begleiteten der „geistliche Sinn" einer biblischen Perikope erschließen, ihn treffen und „bewegen" (*afectarse*) kann. Der Annäherungsprozess an das „Geheimnis" eines biblischen Geschehens hat folgende Sequenzen:

1. *Zu Beginn jeder Gebetsübung: das Vorbereitungsgebet*

> „Von Gott Unserem Herrn die Gnade erbitten dazu hin, dass alle meine Absichten, Handlungen und Beschäftigungen rein im Dienst und in der Verherrlichung Seiner Majestät geordnet seien" (EB 46).

Es braucht Zeit, bis es zum **Vorbereitungsgebet** kommt, bis ich mit der tiefsten Sehnsucht meines Herzens in Berührung komme und sie auch bejahe. Das Vorbereitungsgebet ist gleichsam das Gefäß, mit dem ich meine ganze

Wirklichkeit („Absichten, Handlungen und Beschäftigungen“) auf Gott hin sammle und mit dieser Sehnsucht in Verbindung bringe, d. h. mit jener Suchbewegung, die Gott selbst mir ins Herz geschrieben hat. Im Wiederholen derselben Gebetsworte vor jeder Gebetszeit kann diese Suchbewegung dann mehr und mehr zum bewussten Vollzug der Grundausrichtung meines Lebens auf Gott hin werden.

2. Drei Dispositionshilfen oder Vorübungen, d.h. drei vorbereitende Schritte zur Kontemplation des biblischen Geschehens

Erster Schritt: Die **Vergegenwärtigung der Geschichte.** Ich lese den ganzen Schrifttext langsam und wiederholt durch. Dabei kann es hilfreich sein, wenn ich den Text laut lese.

Zweiter Schritt: **Eine persönliche Beziehung zur Geschichte aufnehmen** – so wie ich etwa zu einem Raum, einem Menschen, einer Gruppe, einer Landschaft eine Beziehung aufnehme. Mit Hilfe der *Imagination* (Vorstellungskraft) versuche ich, den Handlungsraum („Schauplatz“) des biblischen Geschehens, die Details, die Atmosphäre, den szenischen Hintergrund der Geschichte wahrzunehmen, zu erspüren und zu erfassen. Dabei kommt es nicht darauf an, wie es „wirklich“ dort ausgesehen hat. Ich lasse es geschehen, wie der „Ort“ vor meinem inneren Auge entsteht.

Das verhilft mir zu einer inneren Einstellung und einem entsprechenden Verhalten gegenüber dem Geschehen, das in der Perikope erzählt wird. Im Alltag geschieht so etwas ganz spontan, wenn ich mich auf eine Situation einstelle, indem ich sie in der Vorstellung vorwegnehme. Wenn ich mich mit der Kraft meines Vorstellungsvermögens auf ein biblisches Geschehen einstelle, dann geht es primär darum, mich ganzheitlich auf die Begegnung mit Gott einzustimmen.

Die leibnahe und sinnenhafte Zubereitung des Handlungsraumes erleichtert mir den Zugang zu den biblischen Texten, über die sich oft eine Patina gewusster Deutungen und der Staub des längst Bekannten gelegt hat, so dass ihr Inhalt wieder in seiner dramatischen Qualität für mich wirksam werden kann.

Mit diesem persönlichen Zugang zu einer Perikope schaffe ich mir gleichzeitig einen *Konzentrationsrahmen,* zu dem ich im Verlauf der Gebetszeit wie zu einem Bild aus einem mittelalterlichen Evangeliar immer wieder zurückkehren kann.

Dritter Schritt: Die Bitte um die Gnade, dass sich mir der „geistliche Sinn“ des biblischen Geschehens, die „geheimnisvolle Seite“, das Mysterium der Perikope erschließen möge, damit ich Gott mehr liebe und mein Leben auf ihn ausrichte. Näherhin geht es darum, dass ich für die Wirklichkeit empfänglich werde, die Gott durch eine biblische Geschichte mir mitteilen will. Die Vergegenwärtigung des Gewesenen kann so lebendig werden, dass ich mir das Geschehen nicht mehr „vom Leibe halten“ kann.

Die drei Dispositionshilfen oder Vorübungen dienen dazu, mich in das Geschehen der Geschichte so hineinnehmen zu lassen, dass sie mich persönlich berührt. Ich soll mich selbst in der Geschichte wiederfinden und das Geschehen innerlich mitvollziehen. Ohne das Mühen um einfühlendes Verstehen, was da vor sich geht, ohne die Betroffenheit darüber, dass ich hier ganz persönlich mitgemeint bin, bleibt mir die „geheimnisvolle Seite", das „*Mysterium*" in der „*Episode*" der Geschichte verborgen. Doch bei allem Bemühen, ihren „geistlichen Sinn" zu erfassen, ist der „Prozess des Entdeckens" gnadenhaftes Geschehen, und es kommt sehr darauf an, „dass alle meine Absichten, Handlungen und Beschäftigungen rein im Dienst und in der Verherrlichung seiner göttlichen Majestät geordnet sind".

Naturgemäß brauchen die drei vorbereitenden Schritte Zeit, vermutlich den größten Teil der ersten Gebetsübung. Während die Vorübungen gleichsam bis zur *Schwelle* des Geheimnisses führen, öffnen die folgenden Schritte die *Tür*. Sie wollen mich tiefer in das Geheimnis des biblischen Geschehens hineinziehen – mit dem Ziel, dass sich mir die „geheimnisvolle Seite" der „Geschichte" in ihrer *Aktualität* und ihrer *gegenwärtigen Wirkmöglichkeit* für mich erschließt. Erfahrungsgemäß kommen die Tiefenschichten meiner gläubigen Existenz dadurch „in Schwingung", dass etwas spürbare Bedeutung für mich gewinnt durch Bilder und Szenen, die mich berühren, Personen, in denen ich mich wiederfinde, durch Worte, die mich treffen, und Verhaltensweisen, die mich in Bewegung bringen. Dabei wird die für unsere menschliche Erfahrung so bedeutsame Einbildungskraft (Imagination) mit ins Spiel gebracht.

3. Vergegenwärtigung des biblischen Handlungsgeschehens

Ich gehe in meiner Vorstellung zurück zum biblischen Handlungs*raum* – so wie er vor meinem inneren Auge entstanden ist und lasse dann das Geschehen – wie es im Schrifttext steht – in meiner Vorstellung sich entfalten. *Ich sehe die Personen, höre, was sie sagen und betrachte, was sie tun*, z.B.:

SEHEN → **Bilder und Szenen, die mich berühren, z.B.**

Die Begegnung Hagars mit dem Boten Jahwes an der Wasserquelle in der Wüste (Gen 16,6–13);
die Begegnung zwischen Jesus und Petrus bei der Fußwaschung (Joh 13,1–11);
die Begegnung zwischen Jesus und der Sünderin im Hause des Pharisäers Simon (Lk 7,36–38);

Personen, in denen ich mich wiederfinde, z.B.

Jakob vor seiner Begegnung mit Esau (Gen 32,4–22);
Mose in seiner Verweigerung vor Jahwe (Ex 4,1–13);
der Vater des besessenen Jungen (Mk 9,14–27);
Maria Magdalena (Joh 20,11–18);
Zachäus (Lk 19,1–10).

HÖREN → **Worte, die mich treffen, z.B.**

„Ich will dich segnen ... und du sollst ein Segen sein (Gen 12,2)";
„Siehe, ich bin mit dir, ich behüte dich, wohin du auch gehst und bringe dich zurück in dieses Land. Denn ich verlasse dich nicht, bis ich alles ausgeführt, was ich dir zugesagt habe" (Gen 28,15);
„Wer die Wahrheit tut, kommt ans Licht" (Joh 3,21);
„Was willst du, dass ich dir tun soll?" (Mk 10,51);
„Willst du gesund werden?" (Joh 5,6).

SCHAUEN → was die Personen tun:
Verhaltensweisen, die mich in Bewegung bringen, z.B.
Aaron und Hur, die Mose während des Kampfes mit Amalek stützen (Ex 17,10–12);
Josua und Kaleb, die sich den Gerüchten der anderen Kundschafter widersetzen (Num 13,25–14,10);
Die vier Männer, die einen Gelähmten durch allen Widerstand hindurch bis zu Jesus bringen (Mk 2,1–12) oder die liebenswürdige Hartnäckigkeit der Syrophönizierin (Mk 7,24–30).

Dabei ist wichtig, dass ich mich in die Akteure der biblischen Geschichte hineinversetze und mitempfinde:

- Was geht in diesen Menschen vor?
- Welche Beziehungen haben sie untereinander?
- Welche Gefühle, Wünsche, Hoffnungen, Sorgen, Zweifel, Ängste kommen in ihren Worten und Verhaltensweisen zum Ausdruck?
- Was bedeuten die Worte und Verhaltensweisen für die Akteure oder Betroffenen der Erzählung?
- Wie zeigen sich Gottes Heilsabsichten mit den Menschen der Geschichte?

Auch gilt es, die *Atmosphäre* des „Schauplatzes“ und des Handlungsgeschehens wahrzunehmen, zu spüren und zu erfassen.

4. *Übertragung des Handlungsgeschehens auf mich und meine Situation, d.h. wahrnehmen:*

- Was löst das Sprechen oder Schweigen der Personen, ihr Verhalten (aktiv oder passiv) in mir aus? z.B. Sympathie, Ablehnung, Identifikation. Wenn ich mich nacheinander in die verschiedenen Personen, in ihre Worte und Gesten, in ihr Verhalten hineinversetzt habe, um sie zu verstehen, dann kann ich leichter erfassen, wo ich selbst in dieser Geschichte vorkomme.
  Darüber hinaus kann es hilfreich sein, mich in einer stimmigen eigenständigen Weise in das Geschehen einzubringen.
- Welche Bedeutung hat *das* für mich hier und jetzt, was ich gesehen, gehört und betrachtet habe, vielleicht auch, wie ich mich selbst in dieses Geschehen eingebracht habe, *und* das, was es in mir ausgelöst hat? So kann sich zeigen, was Gott mir in diesem biblischen Geschehen zeigen will.

5. *Gespräch mit Gott,*

d.h. ich bringe vor Gott zur Sprache, was mich *bewegt* (hat) und höre, was Er mir sagen will. Mit dem Gespräch beschließe ich den betenden Umgang mit dem *Geheimnis* der biblischen Geschichte. Es kann der eigentliche Höhepunkt sein, Ausdruck von Nähe und Ehrfurcht (familiaritas).

Alle Versuche, sich dem *Geheimnis* der biblischen Geschichte zu nähern, zielen auf die persönliche Begegnung mit dem, von dem der biblische Text Zeugnis gibt. Ihr tiefster Sinn ist die Befähigung zur Hingabe an das Geheimnis Gottes: *Anbetung* – als unverfügbare Gabe.

Die folgende Abbildung kann den Verlauf und die symbolisch-intentionale Struktur dieses kontemplativen Zugangs zum „Geheimnis" eines biblischen Geschehens noch verdeutlichen.

Verlauf und symbolisch-intentionale Struktur der Kontemplation eines biblischen Geschehens („Geheimnisses") nach Ignatius von Loyola

1. Intention: Das gewohnte Vorbereitungsgebet (EB 46)
alles zum Dienst und zur Verherrlichung Gottes

↓

Symbolische Repräsentation (Vergegenwärtigung)
des biblischen Handlungsraumes
mit Hilfe der Imagination (Vorstellungskraft).
Das verhilft mir zu einer inneren Einstellung gegenüber dem Geschehen („Geheimnis"), das in der Perikope erzählt wird.

↓

2. Intention: Die Gnade erbitten, nach der ich verlange:
Der *geistliche Sinn* des biblischen Geschehens,
die „geheimnisvolle Seite",
das Mysterium der Perikope möge sich mir erschließen,
damit ich Gott mehr liebe und mein Leben auf ihn ausrichte.
Es geht darum, dass ich für die Wirklichkeit empfänglich werde,
die Gott durch die biblische Geschichte mir mitteilen will.

↓

Symbolische Repräsentation (Vergegenwärtigung)
des biblischen Handlungsgeschehens der Perikope:
– die Personen sehen
– hören, was sie sagen
– betrachten, was sie tun

Dabei ist wichtig, sich in die Akteure der biblischen
Geschichte hineinzuversetzen und mitzuempfinden:
- Was geht in diesen Menschen vor?
- Welche Beziehungen haben sie untereinander?
- Welche Gefühle, Wünsche, Hoffnungen, Sorgen,
Zweifel, Ängste, kommen in ihren Worten
und Verhaltensweisen zum Ausdruck?
- Was bedeuten die Worte und Verhaltensweisen
für die Betroffenen in der Erzählung?

↓

Übertragung des symbolischen Modells auf mich
und meine Situation, d. h. mich auf mich selbst besinnen,
um einen geistlichen „Gewinn" daraus zu ziehen (vgl. EB 116)
Das Ziel aller Bemühungen bleibt „die innere Erkenntnis
des Herrn". Ich soll gleichsam über den Weg der Bilder zu
dem Bild gelangen, in dem Gottes Nähe und Antlitz Gestalt
bekommen hat. Das bleibt unverfügbare Gabe.
- Wahrnehmen, was das Sprechen oder Schweigen der
Personen, ihr Verhalten (aktiv oder passiv) in mir auslöst,
z.B. Sympathie, Ablehnung, Identifikation.
Ich soll mich also in das Geschehen der Geschichte
hineinnehmen lassen, dass ich persönlich davon berührt werde.
- Zu erfassen suchen, welche Bedeutung das für mich hier und
jetzt hat, was ich gesehen, gehört und betrachtet habe
und das, was es in mir ausgelöst hat, m.a.W.:
Was will Gott mir in diesem biblischen Geschehen zeigen?

↓

3. Intention: Gespräch mit Gott
d.h. vor Gott zur Sprache bringen,
was mich *bewegt* (hat)
und hören, was Er mir
sagen will in Nähe und Ehrfurcht.

Alle Versuche, sich dem Geheimnis der Geschichte zu nähern,
zielen auf die persönliche Begegnung mit dem,
von dem der biblische Text Zeugnis gibt.
Ihr tiefster Sinn ist die Befähigung
zur Hingabe an das Geheimnis Gottes:
Anbetung – als unverfügbare Gabe.

Literatur

Ignatius von Loyola, Geistliche Übungen. Übertragung aus dem spanischen Urtext, Erklärung der 20 Anweisungen von Adolf Haas, Würzburg 1998

Peter Köster, Zur Freiheit befähigen. Die Geistlichen Übungen des hl. Ignatius von Loyola, Ein Kommentar mit Hinweisen für die Praxis des Begleitens, Würzburg 2017

Viertes Kapitel
Vom Weg des Schweigens nach der kontemplativen Gebetstradition der Kirche

Der Weg des Schweigens nach dem Autor der „Wolke des Nichtwissens"

Wenn man gelernt hat, sein Leben vor Gott zur Sprache zu bringen, und sich lange darin geübt hat, das Wort Gottes, vor allem die Geheimnisse des Lebens und Leidens Jesu, zu meditieren und sein Leben nach dem Evangelium auszurichten, dann kann die Sehnsucht lebendig werden, sich dem Geheimnis Gottes im Gebet auf eine Weise zu nähern, die Gedanken und Worte, Bilder und Bewegungen der Gefühle hinter sich lässt.

Es empfiehlt sich, Anzeichen, die darauf hindeuten, dass wir von Gott auf den Weg des Schweigens gezogen und zur Kontemplation geführt werden, mit jemand zu besprechen, der oder die mit der kirchlichen Gebetstradition dieses Weges vertraut ist.

In den Kirchen des Ostens kann man die kontemplative Gebetstradition bis zu den Anfängen des christlichen Mönchtums in der ägyptischen Wüste zurückverfolgen. Vor allem die „Aufrichtigen Erzählungen eines russischen Pilgers" haben diese Tradition auch im Westen bekannt gemacht.

Wie die Übung des Jesusgebetes zieht die „Wolke des Nichtwissens“ von einem anonymen Autor der Westkirche aus dem 14. Jahrhundert heute viele an, die ernsthaft nach verlässlichen Übungsschritten auf dem Weg zu einem kontemplativen Leben in Beruf und Alltag, in sozialen Bindungen und Verpflichtungen suchen. Beide Wege sind einander sehr ähnlich, sie verdanken sich dem einmal gemeinsamen Gut der Kirchen des Ostens und des Westens. Die Übung des Jesusgebetes ist wie die kontemplative Übung der „Wolke“ einfach (vgl. S. 97 und S. 150f.).

Im Folgenden wird diese kontemplative Gebetstradition als Orientierung mit der gebotenen Kürze dargestellt.

1. Kurze geschichtliche Einführung

Einen Weg des Schweigens von klassischer Einfachheit verdanken wir einem englischen Mystiker aus dem 14. Jh., dem anonym gebliebenen Verfasser der „Wolke des Nichtwissens“. Zu seiner Zeit war aus der Suche vieler Menschen nach einer kontemplativen Spiritualität eine breite Bewegung unter den Laien geworden. Die Pest, die zwischen 1348 und 1369 ungefähr ein Drittel der Bevölkerung hinwegraffte, der endlose Krieg mit Frankreich, die „babylonische Gefangenschaft“ der Kirche, d.h. das Exil der Päpste von 1305/09–1376 in Avignon und das große abendländische Schisma (1378–1417) am Ende mit drei Päpsten hatten unter der Bevölkerung zu einem weit verbreiteten Gefühl von Unsicherheit und Bedrohung sowie zu einem Verlust an religiöser Geborgenheit geführt. So kam es, dass damals viele Menschen, vor allem unter den „zunehmend kritisch denkenden Gläubigen“ (W. R. Riehle) nach einem

Weg suchten, der eine persönliche unmittelbare Begegnung mit Gott ermöglichte. Unter ihnen waren zahlreiche Männer und Frauen, die ein aktives Leben mit Kontemplation verbinden wollten, ohne ihre familiären Bindungen und sozialen Verpflichtungen aufzugeben.

Für die geistliche Betreuung dieser Suchenden waren die „Seelenführer" von großer Bedeutung. Zu ihnen gehörte auch der Verfasser der „Wolke". Er hat bis jetzt allen Bemühungen widerstanden, seine Anonymität aufzuhellen. Aus seinem Werk, das außer der „Wolke" noch andere Texte umfasst, lassen sich kaum Rückschlüsse auf seine Biografie ziehen. Wir wissen lediglich, dass er in den letzten Jahrzehnten des 14. Jahrhunderts wirkte und in dem Dialekt schrieb, der im nördlichen Teil der Central East Midlands um diese Zeit gesprochen wurde. Vermutlich war er Priester und gehörte einem kontemplativen Orden an. Sein Werk zeugt von einer breiten und fundierten theologischen Bildung und offenbart bei aller Originalität eine Vertrautheit im Umgang mit den traditionellen Übungsschritten auf dem Weg zu einem kontemplativen Leben.

Sein Werk übt bis auf unsere Tage auf viele ernsthaft Suchende eine erstaunliche Anziehungskraft aus. Das liegt nicht zuletzt daran, dass uns hier eine spirituelle Persönlichkeit von seltener Kompetenz begegnet, die ihre eigenen Erfahrungen diskret mit einfließen lässt. Die Klarheit seiner Orientierungen ist frei von geistiger Enge und asketischer Strenge. Er zeigt viel Verständnis für die Anfangsschwierigkeiten seiner Schüler und weist trotz aller Zeitbedingtheit seines theologischen Hintergrundes einen Weg von klassischer Einfachheit. Mit Humor und feinem Spott setzt er sich von pseudo-mystischen Phänomenen seiner Zeit ab.

Seine Weisungen kommen aus einer positiven Grundeinstellung zum Leben und haben nichts gemein mit einem resignierten Rückzug in die private Innerlichkeit.

2. *Das Ziel des kontemplativen Bemühens: eine einfache, liebende Sehnsucht nach Gott*

Was mit dem Weg des Schweigens gemeint ist, kommt anschaulich in folgendem Gebet zur Sprache:

> Herr, da sein vor Dir,
> das ist alles.
> Die Augen meines Leibes schließen,
> alle Sinne ruhen lassen
> und still werden – regungslos;
> mich Dir aussetzen,
> wie Du Dich mir ausgesetzt hast.
> Dir gegenwärtig sein, dem Allgegenwärtigen.
>
> Herr, einfach da sein möchte ich vor Dir,
> leer von jedem Gedanken,
> von jedem Bild,
> von allen Farben und Formen,
> leer von allen Geräuschen und Klängen,
> von allem, was hinter mir liegt
> und von allem, was auf mich wartet.
>
> Herr, da sein möchte ich vor Dir
> und mich von Dir lieben lassen
> im Schweigen des Glaubens
> und in der Armut
> eines einzigen Wortes.
> Halte so in meinem Herzen
> eine einfache tiefe Sehnsucht nach Dir wach.

Der Autor der „Wolke des Nichtwissens“ gibt in seinem „Brief“ der persönlichen Seelenführung (BS) die Anweisung: „Willst du beten, vergiss alles, was du getan hast oder vorhast zu tun. Lass alle Gedanken vorüberziehen, gleich, ob gute oder böse. Gebrauche beim Beten keine Worte, es sei denn, du fühlst dich innerlich dazu gedrängt ... Nur eines habe im Sinn, dass in deinem Herzen eine einfache tiefe Sehnsucht nach Gott wach ist ... Lass also dein Denken und Fühlen auf ihn hin eins werden, indem du versuchst, alles Nachdenken über ihn und über dich aufzugeben. Halte dein Denken leer, dein Fühlen unabhängig und dich selbst in reiner Gegenwärtigkeit, damit Gnade dich anrühren und dich kräftigen kann mit der Erfahrung der wirklichen Gegenwart Gottes“ (Kapitel 1).

Dieses liebende Sich-ausrichten ist der Kern seiner Einführung in den Weg des Schweigens. In immer neu variierenden Formulierungen sucht der Autor das einzig Entscheidende herauszustellen: Willst du vorankommen, lass in dir eine ganz tiefe Sehnsucht nach Gott wachsen. Diese Sehnsucht ist zwar letztlich sein Geschenk an dich, doch an dir liegt es, sie zuzulassen und sie zur Entfaltung kommen zu lassen.

Tu nichts anderes, als dein Herz mit einer demütigen Regung der Liebe Gott hinzuhalten. Sehne Dich nach Ihm und nicht nach Seinen Gaben. Lass es deine einzige Sorge sein, mit ungeteilter Aufmerksamkeit auf Ihn ausgerichtet zu sein. Versuche mit allen Kräften, alles andere zu vergessen.

Lass nur noch deine liebende Sehnsucht mutig und froh emporsteigen, um das Dunkel über dir (das Dunkel des Nichtwissens, das zwischen dir und Gott liegt) zu durchdringen.

Durchstoße diese dichte Wolke des Nichtwissens mit dem Speer deiner liebenden Sehnsucht. Lass nicht nach, mag kommen, was will (vgl. W Kap 6).

Versuche ohne Unterlass, mit dem spitzen Speer deines liebenden Verlangens die Wolke des Nichtwissens zwischen dir und Gott zu durchbohren. Weigere dich, an etwas zu denken, was geringer ist als Gott und lass dich durch nichts ablenken (vgl. W Kap 12).

Es genügt ein einfaches Verlangen (*a simple reaching out*), eine Sehnsucht, die einzig auf Gott gerichtet ist (vgl. W Kap 7).

„Nimm den guten gnädigen Gott ... und lege ihn gleichsam als Heilverband um dein krankes Selbst ... Halte Gott einfach dein krankes Selbst hin und lass deine Sehnsucht sich aufmachen, Ihn ... zu berühren. Denn Ihn berühren, heißt heil werden" (BS Kapitel 2).

Der Autor der „Wolke" ist sehr zurückhaltend gegenüber starken Gefühlsäußerungen in der kontemplativen Übung: Solange sich unsere Sehnsucht noch mit Gefühlen mischt, ist sie Gott nicht so nahe, als wenn sie ganz behutsam in der lauteren Tiefe des Geistes lebendig ist: Nimm deine Sehnsucht in die Tiefe deines Geistes, in den Seelengrund hinein, weit weg von jeder Vermengung mit irgendeiner sinnlichen Empfindung, die ihre geistige Eigenschaft mindert und weiter von Gott wegführt (vgl. W Kap 47).

Die gleiche Zurückhaltung übt der Autor gegenüber der Entfaltung unserer imaginativen Kräfte in der Kontemplation. Seiner Meinung nach lenkt das eher von Gott ab. Die Möglichkeit einer kontemplativen Vereinigung mit Gott hängt von IHM, nicht von unseren Fähigkeiten ab.

Das liebende Verlangen eines lauteren Herzens kann mit keinem Mittel und keiner Methode erzwungen werden. Gott selbst bewirkt es (vgl. W Kap 48).

Auch *Johannes Tauler* (1300–1361) u. a. spricht von der Notwendigkeit, sich von allem zu lösen, was einer ungeteilten und geläuterten Hinwendung des Beters zu Gott im Weg steht: „Wirst du dessen gewahr, dass Gott dich nach innen ziehen will, lass alles fallen, folge Gott einfach, lass alle deine bildhaften Vorstellungen fallen. Kommen dir irgendwelche Gedanken dazwischen, lass sie fallen, sollten es selbst göttliche Erleuchtungen sein. Maß dir nichts an durch deine Sinne; kommst du mit all dem nicht zum Ziel, leg es auf Gott: Er wird es gut machen. Natur und Vernunft werden so geläutert, der Kopf gestärkt, der Mensch den Tag über friedlicher, gütiger und ruhiger, dank der inneren Übung, durch die er sich mit Gott vereinigt hat. Davon werden alle seine Werke gut geordnet" (Meister S. 55–56).

Johannes vom Kreuz (1542-1591) sagt im *Aufstieg zum Berg Karmel*: „Der Mensch muss sich ganz und gar von allem entäußern, was in seinen Fassungsbereich fallen kann ... Er muss wie ein Blinder im Dunkel bleiben und sich auf den dunklen Glauben stützen und ihn zur Leuchte und zum Führer wählen, statt auf seinen Verstand, Geschmack, sein Gefühl oder seine Vorstellungskraft zu vertrauen. Denn das alles ist Finsternis, die ihn in die Irre führt und aufhält. Der Glaube hingegen ist über allem solchen Verstehen, Genießen, Empfinden, Vorstellen. Wird aber der Mensch dafür nicht blind und bleibt dafür nicht in vollständigem Dunkel, dann gelangt er auch nicht zu dem, was darüber erhaben ist, was ihn der Glaube lehrt" (II,3).

ist *ein*-faches Wort, in dem die einfache, liebende Sehnsucht nach Gott allein gegenwärtig ist.

Um in gesammelter Aufmerksamkeit und in diesem liebenden Aussein auf Gott hin auszuharren und nicht ins Assoziieren, Phantasieren oder Dösen abzugleiten oder sich in Gedankenprozesse zu verheddern, empfiehlt der Autor der „Wolke“ dem Beter auf den Weg des Schweigens, sich für die Zeit der Übung ein kurzes, am besten ein einsilbiges Wort auszuwählen. In diesem Wort soll er die ganze Kraft seiner Sehnsucht nach Gott sammeln und alle Zerstreuungen und störende Gedanken abwehren. Willst du deine Sehnsucht in ein Wort fassen, um dich besser daran halten zu können, nimm am besten ein kurzes Wort mit einer einzigen Silbe. Nimm dieses Wort so tief in dich hinein, dass es nicht verklingt, was auch geschehen mag. Benutze es, um in die dunkle *Wolke (des Nichtwissens)* über dir zu stoßen. Alle Zerstreuungen wehre damit ab und bringe sie unter die *Wolke des Vergessens* (vgl. W Kap 7).

Es genügt also, seine Aufmerksamkeit auf ein einziges Wort zu richten ... und die Wirklichkeit, für die das Wort steht, auf sich wirken zu lassen. Dabei gilt es, die Neugier des Verstandes zu bändigen und darauf zu verzichten, das Wort zu analysieren und seinen verschiedenen Bedeutungen nachzugehen. So etwas ist der kontemplativen Übung abträglich. Das Wort muss in seiner Ganzheit belassen werden (vgl. W Kap 36).

In dem kurzen Wort soll das Verlangen nach Gott allein gegenwärtig sein. Außer ihm soll nichts unsere Gedanken und unser Herz erfüllen.

Lass jeden Gedanken vorüberziehen, mag er noch so klar und wohltuend sein. Bedecke ihn mit einer dichten Wolke des Vergessens, denn in unserem irdischen Leben kann nicht unser Wissen und Denken bis zu Gott dringen, sondern nur die Liebe (vgl. W Kap 8).

Der Weisung, alle Gedanken und Vorstellungen vorüberziehen und hinter sich zu lassen, fügt der Autor der „Wolke" im nächsten Kapitel noch hinzu, dass eine einzige blinde Regung der Liebe zu Gott Ihm mehr gefalle als alles andere, was man sonst tun könnte (vgl. W Kap 9).

Wann immer also der Beter sich zu dieser („dunklen") Kontemplation hingezogen fühlt, soll er sich diesem „geheimnisvollen Zug" überlassen und ebenso sorgfältig wie entschieden darauf achten, alles loszulassen und ruhen zu lassen: seine leiblichen Sinne, seine geistlichen Fähigkeiten, seine intellektuellen Aktivitäten, alles, was er außerhalb seiner selbst mit seinen Sinnen wahrnehmen und alles, was er in seinem Innern mit seinem geistlichen Wahrnehmungsvermögen erkennen kann.

In diesem Zusammenhang ist es wichtig, dass es nicht die Geschöpfe selbst sind, die unter die Wolke des Vergessens gestoßen werden, sondern nur der Gedanke, die Erinnerung an sie, die Vorstellung von ihnen. Das geschieht auch nur während der kontemplativen Übung. Nicht als wären die Geschöpfe in irgendeiner Weise vom Bösen, sie sollen nur nicht Gegenstand unserer Aufmerksamkeit sein, solange wir in der kontemplativen Übung verweilen.

Das Vergessen von *allem*, was geringer ist als Gott, das Leerwerden von allem, was unsere Sinneswahrnehmung und unser intellektuelles Vermögen, was unser Gedächtnis und unsere Vorstellungskraft präsentieren, ist aber sinnlos und sogar gefährlich, wenn der Übende sich nicht liebend auf Gott hin ausrichtet.

Die kontemplative Übung der „Wolke des Nichtwissens“, das Ausharren und Verweilen im Nichts, ist eine Art geistiges Sterben, um die *ein*-fache, liebende Sehnsucht nach Gott, „the blind stirring of love“ zu pflegen. Sie will nicht das Wissen auslöschen, sondern das ungeordnete Verlangen, die Wissbegier, mit dem unser Wissen gekoppelt ist.

Wenn die Wolke des Vergessens die Seele gereinigt hat, ist sie frei, zu lieben in der Freiheit des Geistes. Wer alles losgelassen hat, erhält alles wieder zurück: Ein von Gott verwandelter Mensch – sein Ebenbild. Wenn die Wolke des Vergessens ihr Werk vollbracht hat, kann man sich wieder erinnern. Es geht also nicht um ein Zerstören, sondern um ein Verwandeln.

Die folgende Grafik kann als zusammenfassende Verdeutlichung dienen.

GOTT

WOLKE DES NICHTWISSEN

= Dunkel des Erkennens
(Mangel an Erkenntnis)
das zwischen Dir und Gott liegt

markiert Grenze
zwischen Gott
und Mensch

Speer

So verhalte Dich bei dieser kontemplativen Übung:

- lass dieses Wort ganz
- denke nicht über seine Bedeutung nach
- zerlege es nicht Gedanken
- lass die Wirklichkeit, für die dieses Wort steht, Dich ganz ausfüllen

ein (kurzes) Wort

als Hülle / Gefäß, in die Du Dein bloßes Sehnen (blind stirring of love / the naked intent of will) nach Gott einschließt. In dem kurzen Wort soll das Verlangen nach Gott allein gegenwärtig sein (W Kap 40)

WOLKE DES VERGESSENS

= Dunkel des Vergessens, das zwischen Dir und *allem* Geschaffenen liegt

Schild

= Vergessen, was außer Gott ins Bewusstsein kommt durch:

- Sinneswahrnehmung
- intellektuelles Vermögen; begriffliches und diskursives Denken
- Vorstellungskraft, Phantasie
- Gedächtnis, Erinnerung
- Wille
- Gefühle

4. Die Mühe der kontemplativen Übung

Das Einüben in die innere Sammlung, das Loslassen der zahllosen Gedanken, Bilder, Vorstellungen und Erinnerungen ist ein mühsamer Weg: Wer sich zur Kontemplation hingezogen fühlt, soll großmütig und entschlossen die Mühe auf sich nehmen, die mit dem Einüben der inneren Sammlung verbunden ist. Die eigentliche Mühe besteht darin, alles, was außer Gott ins Bewusstsein kommt, unter die Wolke des Vergessens zu bringen.

Wenn du dir anfangs große Mühe gibst, wirst du bald von der Schwere dieser Arbeit erleichtert werden. Auch wenn diese kontemplative Übung (vom Autor das „Werk" genannt) am Beginn, solange du noch nicht zur wahren Kontemplation gefunden hast, hart und schwer ist, wird dir, sobald du die rechte Kontemplation erlernt hast, das mühelos und leicht vorkommen, was für dich zuerst sehr schwer war. Dann brauchst du dich nur noch wenig oder gar nicht mehr abzumühen. Denn dann will Gott zuweilen ganz allein in dir wirken; immer aber wird Er es nicht tun und auch nicht lange Zeit hindurch, vielmehr nur dann, wie es für dich gut ist. Und dann wirst du Freude daran haben, Ihn ungestört wirken zu lassen.

Vielleicht sendet er dann gelegentlich einen Strahl göttlichen Lichtes aus, der diese Wolke durchbricht, die zwischen dir und Ihm ist, um dir etwas von Seinen Geheimnissen zu zeigen, von denen der Mensch weder sprechen darf noch kann." (vgl. W Kap 26)

Versuche unablässig in dieser kontemplativen Übung fortzufahren, bis sie schließlich dein ganzes Leben durchdringt (vgl. W Kap 34).

Mit Techniken und Methoden ist die kontemplative Liebe nicht zu erreichen. Alle Hilfen sind abhängig von dieser kontemplativen Liebe. Sie selbst aber ist unabhängig von ihnen (vgl. W Kap 34).

Der Autor der „Wolke“ warnt den Beter davor, krampfhaft zu üben. Er solle eher mit weiser Kunst als mit falscher Kraftanstrengung wirken. Eine gewisse Gelassenheit ist der Kontemplation bekömmlicher als tierischer Ernst (vgl. W Kap 46).

Wenn jemand sich zur kontemplativen Übung hingezogen fühlt, soll er am Anfang nur kurze Zeit sich mühen und dann ausruhen. Der Autor legt großen Wert darauf, der göttlichen und menschlichen Spontaneität in der Kontemplation ihren Raum zu belassen. Wir müssen mit freudigem Eifer „üben“, nicht mit Gewalt. Echte Kontemplation steigt aus einer Tiefe auf, die wir nicht manipulieren können. Alles, was wir tun können, ist: uns zu disponieren und uns nicht einzumischen, wenn diese kontemplative Regung in uns aufsteigt.

In diesem Zusammenhang macht dieser Lehrer des geistlichen Lebens auch deutlich, dass das kontemplative Leben normalerweise einen gesunden, gelösten und belastbaren Leib und eine ebensolche Seele braucht (vgl. W Kap 41).

5. Die theologische Ausrichtung und spirituelle Wirkung der kontemplativen Übung

(1) *Gott um Seiner selbst willen lieben* (vgl. W Kap 5), Gott Gott sein lassen, d.h. Gott einladen, in unser Leben einzugreifen, in unserem Leben seinen Willen zur Geltung zu bringen.

(2) *Die Gottebenbildlichkeit des Menschen wieder herstellen.*

Jeder von uns ist nach dem Bild Gottes geschaffen, Ihm ähnlich, und er ist gerufen, zu der einmaligen Ganzheit zu wachsen, zu der er von Gott her angelegt ist. Paulus sagt im Römerbrief, dass Gott uns im Voraus erkannt und auch dazu vorausbestimmt hat, dem Bilde seines Sohnes gleichgestaltet zu werden (Röm 8,29). In Gemeinschaft mit den anderen sollen wir „zur Einheit ... in der Erkenntnis des Sohnes Gottes gelangen, damit wir zum vollkommenen Menschen werden und Christus in seiner vollendeten Gestalt darstellen". Wir sollen „in allem (in jeder Hinsicht) wachsen, bis wir ihn erreicht haben" (Eph 4,13 ff.).

Durch die kontemplative Übung, das Exerzitium, wird die Gott-Ebenbildlichkeit des Menschen wieder hergestellt (vgl. W. Kap 4).

(3) *Die Sünde überwinden.*
Keine kontemplative Übung reinigt dich so sehr und macht dich so lauter wie diese ... (vgl. W Kap 3). Es geht nicht nur an „den Grund und die Wurzel der Sünde, soweit das hienieden möglich ist", sondern sie lässt den Menschen im Guten wachsen (vgl. W Kap 12).

(4) *Den Nächsten lieben.*
Für den, der vollen Ernst macht mit der kontemplativen Übung, wird nach und nach „ein Mensch wie der andere, mag er nun verwandt oder fremd, Freund oder Feind sein ... Alle Menschen erscheinen ihm als Freunde und keiner als Feind ..." (vgl. W. Kap 24). Der Autor ergänzt im nächsten Kapitel: „Wer ein rechter Jünger unseres Herrn sein will, der muss sich im Geist bei dieser kontemplativen

Übung sehr abmühen und so zur Erlösung seiner Brüder und Schwestern beitragen" (vgl. W Kap 25).

6. Voraussetzungen für den Weg der Kontemplation

Keiner findet zur Kontemplation, der nicht lange Zeit die Hl. Schrift meditiert und sich geläutert hat. Der Autor warnt Leute, die sich vor der Zeit auf den Weg der Kontemplation machen wollen. Denn auf dem Weg zur Kontemplation sind wichtige Schritte nicht zu überspringen:

(1) Meditation der Hl. Schrift

Der Übende sollte sich durch das Lesen, Hören und Betrachten der Hl. Schrift darauf vorbereiten; die Betrachtung führt zum Beten und schließlich zur Kontemplation (lectio ▸ meditatio ▸ oratio ▸ contemplatio). Darum sollten Anfänger und auch Fortgeschrittene sich nicht wundern, wenn sie nicht beten können, falls sie sich nicht die Mühe machen, über Gottes Wort nachzusinnen.

Auch solche, die schon über Erfahrungen im kontemplativen Leben verfügen, müssen Gottes Wort lesen und hören, bevor sie es meditieren (betrachten). Ohne ernsthafte Meditation gibt es kein ernsthaftes Gebet und keine Kontemplation (vgl. W Kap 35).

Die Meditation der Hl. Schrift unterweist den Geist, bewegt den Willen und erwärmt das Herz fürs Gebet. Alle großen Lehrer des Gebetes betrachten die Meditation als einen grundlegenden Schritt im Gebetsleben. Hier erfährt man etwas von Gott und lernt, auf Seine Stimme zu hören.

Wer glaubt, er könne „zur Kontemplation gelangen ohne viele vorausgehende tröstliche Meditationen über die eigene Erbärmlichkeit, das Leiden Christi und Gottes große

Güte und Erhabenheit, wird sicher irregehen."* Man muss sich in diesen Meditationen lange geübt haben (vgl. W Kap 7). Dafür gibt der Autor zwei Gründe an:

a) Bevor unsere Vorstellungskraft nicht über längere Zeit durch Meditation in Zucht genommen ist, kann man der vielen verschiedenartigen Gedanken, Bilder und Phantasiegebilde, die durch die Aktivität unserer Vorstellungskraft dem Bewusstsein angeboten werden und eingeprägt sind, nicht Herr werden (vgl. W Kap 65).
b) Gottes Wort ist mit einem Spiegel zu vergleichen: ohne das Lesen und Hören, ohne das Meditieren des Gotteswortes ist es nach menschlichem Ermessen nicht möglich, sich als Sünder zu erkennen (vgl. W Kap 35).

(2) Läuterung des Herzens (Umkehr)

Wer sich auf den Weg der Kontemplation gezogen fühlt, muss zuerst „sein Gewissen reinigen! Und danach, wenn man alles, was zur Beichte gehört, ordnungsgemäß und nach Kräften getan hat, soll man sich ... an diese kontemplative Übung machen" (vgl. W Kap 28).

Der Umkehrprozess soll im Rahmen der kirchlichen Bußpraxis und in Übereinstimmung mit dem geistlichen Begleiter geschehen (vgl. W Kap 75).

* Teresa von Avila meint sogar, dass diejenigen, die bei ihrer Kontemplation von der Menschheit Christi absehen wollen, nicht weiterkommen und zu keiner größeren Freiheit des Geistes gelangen. Der Verzicht auf die Meditation der Menschheit Christi könne auf dem Weg der Kontemplation nur vorübergehend sein.

(3) Entscheidung für den kontemplativen Weg

Für den kontemplativen Weg braucht es die Entschiedenheit „mit lauterem Willen und in ungeteilter Hingabe", „ein vollkommener Jünger Christi zu sein" (vgl. W Prolog). Die Entscheidung für diesen Weg soll mit Zustimmung des geistlichen Begleiters gefällt werden (vgl. W Kap 16).

Wer sich also aufrichtigen Herzens für den kontemplativen Weg entschieden hat, soll in dieser kontemplativen Übung mit Großmut und Entschiedenheit fortfahren.

Die Weg zur kontemplativen Übung vollzieht sich also in drei Schritten:

1) *Grundlage ist die Lektüre der Hl. Schrift,* denn durch sie erfährt der Übende schließlich das Ausmaß und die Folgen seines fehlgeleiteten Willens. Die Bibel ist wie ein Spiegel, durch den der Übende
2) in einem *zweiten Schritt* zur Meditation (Betrachtung der Hl. Schrift) gelangt und sich dabei selbst erkennen könne. Die *Erkenntnis des eigenen Selbst* führe zur Demut vor Gott und dem Verlangen nach Erlösung von der Sünde.
3) Erst dann kann der Übende in einem *dritten Schritt* mit der kontemplativen Übung *sich ganz auf Gott ausrichten* und alle Gedanken und Wünsche, Erinnerungen und Vorstellungen beiseitelegen.

7. Zeichen / Kriterien für den Weg der Kontemplation

Um einen Ruf zur Kontemplation richtig erkennen zu können, sind folgende Kriterien wichtig:

(1) Ein wachsendes Verlangen nach Kontemplation, das sich während der täglichen Gebetsübungen immer wieder bemerkbar macht – eine Sehnsucht, die sich ganz von selbst einstellt.

(2) Eine Unfähigkeit, gegenständlich zu meditieren.

(3) Eine „stille Sehnsucht" nach Gott, d. h. wenn du dich von einem Etwas freudig bewegt fühlst, wobei du an nichts Geringeres als an Gott denkst und dein Verlangen bloß und unmittelbar auf *IHN* gerichtet ist (vgl. W Kap 34).

(4) Keine rechte Freude an allem, was den Geschmack von Vergänglichkeit an sich hat.

(5) Ein Gefühl völliger Unzulänglichkeit, solange nicht diese einfache liebende Sehnsucht der innere Beweggrund für dein ganzes Wirken ist (vgl. W Kap 75).

(6) Eine Sehnsucht nach Einsamkeit, die inneren Frieden und Ruhe gibt (keine Flucht!).

(7) Eine tiefe Freude, die immer dann auftritt, wenn du über Kontemplation hörst oder liest – eine Freude, die dich begleitet, wenn du am Abend zu Bett gehst und am Morgen aufstehst.

(8) Die Erfahrung von Glück, wenn nach längerer Zeit der Trockenheit diese „stille liebende Sehnsucht" nach Gott sich plötzlich wieder meldet – eine tiefe Freude, die größer ist als der vorher empfundene Schmerz über ihren Verlust (vgl. W Kap 75).

8. Vertrauen und Ausdauer in der kontemplativen Übung

Der Weg ins Schweigen hinein ist wohl nur durchzuhalten aus der Überzeugung, dass in dem „blinden" Sich-ausstrecken nach Gott etwas mit dem Beter geschieht, das nicht von ihm gemacht ist. Johannes Tauler spricht wie andere geistliche Autoren von den Zweifeln und Anfechtungen, die man auf einem solchen Weg zu gewahren hat: „Dann kommt die Vernunft, die nach einem Gegenstand für ihre Tätigkeit sucht, weiterhin deine eigene Vernünftigkeit und spricht: ‚Womit beschäftigst du dich? Du solltest anderes vornehmen: Du versäumst deine Zeit: Du solltest betrachten und beten'. Sodann der Feind: ‚Warum sitzt du hier? Du solltest irgendeine geistliche Übung machen: steh auf; Du verlierst deine Zeit; tu dies oder jenes gute Werk!' Schließlich kommen die ungeschliffenen Menschen und sagen: ‚Was sitzt du hier und hörst nicht Gottes Wort?' Das sind alles Jagdhunde; und du selbst wirst einer und bellst dich selber an." (Meister 122)

Das größte Hindernis besonders für den Weg des Schweigens ist die instinktive Vorahnung, dass gewisse Dinge in meinem Leben geändert werden müssen. Das erschwert die Treue auf dem Weg und das Treubleiben den Erfahrungen, die sich beim Beter nach und nach einstellen. „Es ist leicht zu üben, aber es ist schwer, ein Übender zu bleiben" (Karlfried Graf Dürckheim).

Zusammenfassung

1. Beten will mich schließlich dahin führen, mit Leib, Seele und Geist, mit der ganzen Breite meiner Erfahrung mich dem *Wort* und *Geheimnis Gottes* ohne Vorsicht und ohne Rücksicht zu überlassen.

2. Deshalb gehört es zu jeder Gebetsübung, dass ich versuche, alles loszulassen, was mich an einer ganzheitlichen und ungeteilten Ausrichtung auf Gott hindert.

3. Für rechtes Beten bleibt es unerlässlich,
- die Heilige Schrift zu lesen;
- wahrzunehmen, welche Stimmungen und Gefühle, welche „Bewegungen" das Wort der Hl. Schrift in mir auslöst;
- mit dem Verstand und mit dem Herzen ihren „geistlichen Sinn" zu erfassen;
- die Beziehung zwischen meinen Erfahrungen und den Glaubenserfahrungen der Heiligen Schrift zu entdecken versuchen;
- mein Leben zu „ordnen".

4. Wenn ich spüre, dass mein Beten das Denken loslassen möchte, dass die Bewegungen der Stimmungen und Gefühle verklingen, dass ich ohne Worte, ohne Bilder und Vorstellungen beten möchte, einfach da sein „vor" Gott in Seinem Blick und mit der Sehnsucht nach ihm – ein Blick der Liebe, der Gedanken, Worte, Bilder und Gefühle hinter sich lässt –, dann kann das ein Anzeichen dafür sein, mich für einen Weg des Betens zu öffnen und zu entscheiden – den Weg des Schweigens, wie er in der kirchlichen Gebetstradition vorgezeichnet ist.

5. Auf diesem Weg ist nach dem Zeugnis der Tradition geistliche Begleitung anzuraten.

Die beiden folgenden Texte aus dem „Buch der persönlichen Seelenführung" und der „Wolke des Nichtwissens" können als kurze Übungsanleitung dienen.

Nur eines habe im Sinn ...!

Willst du beten, vergiss alles, was du getan hast oder vorhast zu tun. Lass alle Gedanken vorüberziehen, gleich ob gute oder böse. Gebrauche beim Beten keine Worte, es sei denn, du fühlst dich innerlich dazu gedrängt ... Nur eines habe im Sinn, dass in deinem Herzen eine einfache tiefe Sehnsucht nach Gott wach ist ... Lass also dein Denken und Fühlen auf ihn hin eins werden, indem du versuchst, alles Nachdenken über ihn und über dich aufzugeben. Halte dein Denken leer, dein Fühlen unabhängig und dich selbst in reiner Gegenwärtigkeit, damit Gnade dich anrühren und dich kräftigen kann mit der Erfahrung der wirklichen Gegenwart Gottes.

Lass es deine einzige Sorge sein, mit ganzem Vertrauen und ganzer Aufmerksamkeit auf ihn ausgerichtet zu sein. Versuche mit allen Kräften, alles andere zu vergessen.

Buch von der persönlichen Seelenführung (BS)

Um in gesammelter Aufmerksamkeit und in diesem liebenden Aussein auf Gott hin auszuharren und nicht ins Assoziieren oder Dösen abzugleiten oder sich in Gedankenprozessen zu verheddern, empfiehlt der Autor der „Wolke" dem Beter auf dem Weg des Schweigens sich für die Zeit der Übung ein kurzes, am besten ein einsilbiges Wort auszuwählen. In diesem Wort soll er die ganze Kraft seiner Sehnsucht nach Gott sammeln und alle Zerstreuungen und störenden Gedanken abwehren:

„Willst du deine Sehnsucht in *ein* Wort fassen, das du leicht behalten kannst, ziehe ein kurzes Wort einem langen vor ... Nimm dieses Wort so tief in dich hinein, dass es nicht verklingt, was auch kommen mag ... Benutze es, um in die Wolke des Dunkels über dir zu stoßen. Alle Zerstreuungen wehre damit ab und bringe sie unter die Wolke des Vergessens".

Wolke des Nichtwissens (W)

9. *Zusammenfassende Orientierungen und Hinweise zur Praxis der kontemplativen Übung nach der „Wolke des Nichtwissens“*

Ziel: Es ist unsere zentrale Lebensaufgabe, unseren Ursprung und unsere Bestimmung zu erkennen. Woher komme ich und wofür lebe ich? Voraussetzung dafür ist, dass wir den Grund entdecken, aus dem wir leben. Woraus lebe ich? Nach biblischer Offenbarung sind wir nach dem Bilde Gottes geschaffen, ihm ähnlich (Gen 1,26f.), und dazu bestimmt, zu der einmaligen Ganzheit zu wachsen, zu der wir von Gott her angelegt sind. Paulus sagt im Römerbrief, dass Gott uns im Voraus erkannt und dazu bestimmt hat, dem Bilde seines Sohnes gleichgestaltet zu werden“ (8,29). In dem Maß, als wir uns von diesem Bild formen lassen, offenbart sich unser Lebenssinn, werden wir anderen zum Segen, finden wir unseren Platz im Heilsplan Gottes.

Als Christen sind wir durch die Taufe berufen, aus einer lebendigen Beziehung zu Christus zu leben (vgl. das Gleichnis vom Weinstock: Joh 15,1-8). Und darum geht es bei der Kontemplation. Es geht um die Erfahrung des Gebetes als Gemeinschaft mit Christus in unserem eigenen Herzen. Es geht um die Erfahrung, dass seine stille Gegenwart in uns und um uns zur Wirklichkeit unseres Lebens wird. Jeder von uns muss selbst die Erfahrung machen, dass dieser Satz gültig ist.

Um den Weg der Kontemplation zu gehen, braucht es kein besonderes Talent, keine spezielle Eigenschaft oder Begabung. Notwendig ist allein, den Weg des Schweigens und der Stille mit Entschiedenheit und Disziplin zu gehen, ohne mich um Fortschritte oder Ergebnisse zu kümmern.

Es ist nicht wichtig, dass bei einer Gebetszeit etwas *heraus*kommt; wichtig ist, dass etwas *herein*kommt. Und das entdecken wir meist viel später. Wir gehen vielmehr diesen Weg in der Überzeugung, dass unsere Bereitschaft und unser Einsatz für diesen Weg unserem Leben Einheit und Fülle gibt (vgl. Joh 10,10).

Wenn wir auf diese Weise beten, gehen wir einen Weg, der eine lange Tradition hat von vielen, vielen hundert Jahren. Es braucht eine gewisse Bescheidenheit, diese Tradition anzunehmen. Nach Johannes Cassian (360–435), der im 4. Jh. die spirituelle Tradition des Ostens in die lebendige Erfahrung des Westens eingebracht hat, besteht das spirituelle Leben aus der ernsthaften Ausdauer in der „strengen Armut eines einzigen Gebetswortes" oder einer einzigen Gebetsformel (vgl. Collationes, 10,11). Über viele Jahrhunderte hat sich diese Tradition erhalten, ein einfaches Gebetswort oder einen Gebetssatz beständig zu wiederholen. Dahinter steht die Gewissheit, dass das innere Beten jenseits aller Geistestätigkeit geschieht. Der Autor der „Wolke" empfiehlt „ein kleines, einsilbiges Wort", das „am besten dem Wesen des Gebetes entspricht". An anderer Stelle sagt er: „Benutze keine anderen Worte zum Gebet ... als solche, die zu wählen Gott dich antreibt" (Kap. 39). John Main empfiehlt: *„Marán atha – unser Herr, (Jesus) komm!"* (1 Kor 16,22). Man kann auch ein Wort oder einen Satz aus der Gebetstradition der Psalmen nehmen wie z.B. *„Herr, mein Licht und mein Heil!"* (Ps 27,1) oder einfach das Wort *„Jesus"* oder *„Herr!"*

Zur Vorbereitung gehört vor allem, im Frieden mit uns selbst zu sein, um den göttlichen Frieden (*schalom*) in uns selbst wahrnehmen zu können.

Methode: Äußere Hilfen

Auf dem Weg des inneren Schweigens mit einem Wort oder Satz braucht es zunächst *regelmäßige Gebetszeiten* mit einem räumlichen Abstand von unserem familiären, sozialen und beruflichen Alltag. Nach Möglichkeit 20 – 30 Minuten am Morgen und (nach Möglichkeit) am Abend, und das jeden Tag.

Zur Sammlung und Konzentration bei der kontemplativen Übung, d.h. wenn unsere ganze Aufmerksamkeit nur darauf ausgerichtet ist, unser Gebetswort zu sagen, wird *ein möglichst geräuscharmer und störungsfreier Raum* empfohlen.

Nach Möglichkeit soll man eine *leibliche Haltung* einnehmen, die einerseits Ruhe und Gelassenheit sowie wache geistige Präsenz fördert, andererseits Ausdruck der Ehrfurcht und Demut vor dem Geheimnis Gottes ist. Ohne Ehrfurcht und Demut gibt es keine tiefe religiöse Erfahrung.

Das Sitzen gelingt am besten auf einem geraden Stuhl, einem Hocker oder einem Sitzkissen mit aufrechter Haltung der Wirbelsäule. Wir nehmen uns ein wenig Zeit, bis wir die entsprechende Haltung gefunden haben, um während der ganzen Zeit still sitzen zu können.

Es kann für die Sammlung beim Gebet hilfreich sein, das Gebetswort mit dem Rhythmus des Atems zu verbinden. Die Synchronisierung mit dem Ein- und Ausatmen kann die Wiederholung des Gebetswortes konstanter und kontinuierlicher machen. Aber das ist kein wesentlicher Bestandteil der Übung. Auf jeden Fall sagen wir unser Gebetswort ohne Unterbrechung während der ganzen Gebetszeit und versuchen, mit den Augen des Glaubens unverwandt auf Christus zu schauen, mit ungeteilter Aufmerksamkeit unsere Sehnsucht auf ihn zu richten und alles andere zu vergessen. Dabei kann man die Augen halb geschlossen halten.

Um den ruhelosen Strom von allen möglichen Ablenkungen zu bändigen, hilft es meist eher, sie nicht direkt zu bekämpfen und durch Willensanstrengung gewaltsam zu vertreiben, sondern unsere Aufmerksamkeit von ihnen weg auf Christus zu lenken und konsequent beim Gebetswort zu bleiben.

Wenn wir plötzlich wahrnehmen, dass wir uns in Gedankenprozesse verheddert haben, ins Phantasieren gekommen, ins Dösen abgeglitten oder anderen Ablenkungen gefolgt sind, dann kehren wir achtsam und ruhig zu unserem Gebetswort zurück. Es geht um wache Präsenz vor dem Geheimnis Gottes in Christus bis zum Ende der Gebetszeit.

Dieser Weg in die Stille verlangt sehr viel Disziplin. Mit dem Gebetswort lösen wir uns von unseren Gedanken, Erinnerungen, Sorgen und allen möglichen Ablenkungen und richten unsere Aufmerksamkeit über uns hinaus auf das Geheimnis seiner Gegenwart in uns. Der 1. Petrusbrief fordert uns auf, Christus, unseren Herrn, ehrfürchtig (heilig) in unseren Herzen zu halten (3,15) und der Hebräerbrief sagt, wir sollten mit Ausdauer auf Jesus schauen, den Ursprung und Vollender unseres Glaubens (vgl. 12,1).

Beim kontemplativen Gebet konzentrieren wir uns auf den Herzbereich. Dabei sagen wir unser Wort lautlos und entspannt, aber bewusst und deutlich in unserem Inneren, sodass es sich durch das unablässige Wiederholen nach und nach in unserem Herzen einwurzeln kann.

Wir beginnen unsere Gebetszeit ohne Erwartungsdruck, als müsse etwas dabei herauskommen, sind aber offen für das, was sich zeigen will. Es reicht vollkommen, wenn wir in der Stille zu der Gewissheit kommen, dass wir angenommen, geliebt und umsorgt sind, dass wir für Gott liebenswert sind.

Folgen: So führt uns dieser Weg schrittweise zu einem Richtungswechsel von uns weg auf Gott hin. Es kommt zu einer Veränderung unserer Grundausrichtung, die alles Nachdenken über uns und über Gott aufgibt und uns öffnet für das Geheimnis seiner Gegenwart.

Es braucht Zeit, bis sich das Gebetswort in unserem Herzen einwurzelt, sodass wir wahrnehmen, wie es in unserem Innern nachklingt. Auf diesem Weg lernen wir, unser Gebetswort mit einer immer tiefer gehenden Hingabe zu sagen. Wir bleiben ruhig und ehrfurchtsvoll in der Gegenwart des göttlichen Geheimnisses, um aus dieser Quelle zu leben. „Denn ihn ihm wohnt die ganze Fülle der Gottheit leibhaftig“ (Kol 2,9.11).

Die Kontemplation ist nichts Passives, vielmehr ein Prozess wachsender Präsenz und einer immer tiefer werdenden Offenheit gegenüber dem Ursprung aller Wirklichkeit.

Das beharrliche Sprechen unseres Gebetswortes in der unverwandten Ausrichtung auf Christus führt zur Reinigung des Herzens und zur Klarheit unseres Bewusstseins. Die innere Ruhe und das äußere Schweigen bleiben nicht ohne Auswirkung auf unseren ganzen Organismus.

In der Disziplin des Wiederholens werden wir für die Gegenwart offen. Wir lernen, uns mehr und mehr zu öffnen für unser Leben im gegenwärtigen Augenblick, für

Gottes Gegenwart in der Schöpfung und in den Mitmenschen mit ihrer Not. Schmerzliche Erfahrungen aus der Vergangenheit verlieren ebenso ihre Macht über uns wie die Angst und Sorge um unsere Zukunft. Sie sind oft das größte Hindernis zwischen uns und der Wirklichkeit, vor der Fülle des Lebens.

Wenn wir uns dafür entscheiden, die Kontemplation in unseren Alltag einzubauen und Raum dafür schaffen, werden wir erkennen, dass gewisse Dinge in unserem Leben einer Änderung bedürfen.

Kontext: Schriftlesung und Feier der Sakramente

Der kontemplative Weg steht in enger Verbindung mit dem Lesen der Hl. Schrift, besonders des Neuen Testaments, und da vor allem der Evangelien. Das Gebet nährt sich von der Lesung der Hl. Schrift, in der die Lebensabsichten Gottes mit uns Menschen sich zeigen. Das Vertrautsein mit Jesus Christus, das tiefere Verstehen des Herrn im Wort der Hl. Schrift führt wieder zum Beten und erschließt uns die Wahrheit der christlichen Offenbarung. Das wiederum verändert unsere Wahrnehmung von Wirklichkeit.

Es empfiehlt sich also, möglichst täglich in den Evangelien zu lesen und sei es nur ein Kapitel und das fortlaufend bis zum Ende des Buches.

Aus dem Glauben an Jesus Christus als dem Mensch gewordenen Sohn Gottes ergibt sich für die Praxis des kontemplativen Weges die volle und aktive Mitgliedschaft in der Gemeinschaft der Glaubenden, d.h. auch die Teilnahme am sakramentalen Leben der Kirche, vor allem an der Feier der Eucharistie.

Trotzdem ist wichtig: In einer Zeit religiöser Desorientierung und starker Verwerfungen im kirchlichen Leben wird es m.E. zunächst genügen, wenn jemand bei der aufrichtigen Suche nach Sinn in Jesus von Nazareth anfanghaft die Quelle seines Lebens entdeckt und zu ihr unterwegs bleibt.

Literatur

The cloud of unknowing, edited with an introduction by James Walsh, S. J., preface by Simon Tugwell, O. P. in the Classics of Western Spirituality, New York 1981

Dass., translated into modern English with an introduction by Clifton Wolters, Harmondsworth 1976

The cloud of unknowing and the Book of Privy Counselling, newly edited, with an introduction by William Johnston S. J., New York 1973

Die Wolke des Nichtwissens, übertragen und eingeleitet von Wolfgang Riele, Einsiedeln 1980

„Wolke des Nichtwissens" und *„Brief persönlicher Führung"*, Anleitung zur Meditation, neu übertragen und herausgegeben von Willi Massa, Freiburg 2000

William Johnston SJ, The Mysticism of the cloud of unknowing, with a Forword by Thomas Merton, in: Religions Experience Series No. 8, [2]1980

A Letter of Private Direction by the anonymous author of The Cloud of the Unknowing, rendered into modern Elgish with an introduction by James Walsh, S.J., London 1965

A Letter of Private Direction and other treatises by a fourteenth-century English mystic, edited, translated and adapted by John Griffiths, London 1981

Thomas Keating, Das Gebet der Sammlung. Einführung und Begleitung des kontemplativen Gebetes, Münsterschwarzach 2010
Ders., Das kontemplative Gebet, Münsterschwarzach 2012
John Main, Der Pfad der Meditation, Salzburg 1985
Ders., Das Herz der Stille, Anleitung zum Meditieren, Freiburg 2000
Gerhard Ruhbach / Josef Sudbrack (Hrsg.), Große Mystiker und ihr Wirken, München 1984

Die Übung des Jesusgebetes

„Jesus ist das brennende Licht,
das der Name wie eine Linse
sammeln und lenken kann,
bis ein Feuer in uns entzündet ist.“

von einem Mönch der Ostkirche

1. Kurzer geschichtlicher Überblick über die Entwicklung und Verbreitung des Jesus- oder Herzensgebets

In den Ostkirchen reicht die kontemplative Gebetstradition mit der Übung des Jesus- oder Herzensgebetes zurück bis zu den Anfängen des christlichen Mönchtums in der ägyptischen Wüste (3. Jh. n. Chr.) und findet ihren Höhepunkt inbezug auf ihre Praxis und ihre theologische Begründung auf dem Berg Athos, bes. mit dem hl. Gregor vom Sinai (1255–1346) und dem hl. Gregor Palamas (1296–1359). Durch Nil Sorskij (1433–1508) kam die Übung schon früh vom Athos nach Russland und erlebte vor allem durch den weitgereisten Paisij Velickowskij (1722–1794) vom Ausgang des 18. Jh. an eine neue Blütezeit, die bis zum Beginn des 20. Jh. andauerte.

Seit dem 6. Jh. hat die lebendige Tradition des Jesusgebetes ununterbrochen in den Kirchen des Ostens ihren Platz. Manchmal war dieser Strom des Gebetes stark und gleichmäßig, manchmal kaum mehr als ein Rinnsal, das ganz zu versiegen schien. Er wurde jedoch immer wieder durch einzelne belebt, die sich auf die alten Quellen besannen und zu ihnen zurückkehrten. Sie lasen die Schriften der Väter und versuchten, sie in ihrem Leben zu verwirklichen. Seine klassische Form gewann das Jesusgebet durch die Verbindung der rhythmischen Wiederholungsgebete der Wüstenväter mit dem Jesus-Namen. Diese Stoßgebete, z. B. kurze Psalmverse, die unablässig wiederholt wurden, hatten ihr Vorbild im Neuen Testament, wo z. B. der Zöllner im Tempel betet: „Gott, sei mir Sünder gnädig" (Lk 18,13) oder der Blinde vor den Toren Jerichos ruft: „Jesus, Sohn Davids, erbarme dich meiner" (Lk 18,38). Die immer wiederholten Stoßgebete wurden auch „Ein-Wort-Gebete" (= *monologia*) genannt.

Man kann insgesamt vier Perioden unterscheiden, in denen die Praxis des Jesusgebetes besonders intensiv gepflegt wurde: Sie werden hier in Erinnerung gerufen, nicht um der Geschichte, sondern um unseres Betens willen. Die Geschichte kann uns helfen, die Liebe zu dem Weg der Vereinigung mit Christus zu beleben und zu entfalten. Gleichzeitig macht der geschichtliche Überblick uns bewusst, in welchen ununterbrochenen Gebetsstrom wir gleichsam eintauchen, um uns von ihm tragen zu lassen und ihn selbst mitzutragen.

(1) Auf dem **Sinai** entstand im 5. Jh. der große Überlieferungsstrom des sinaitischen Hesychasmus. Hesychasmus leitet sich von dem griechischen Wort *hesychia* her und bedeutet äußere Einsamkeit und Zurückgezogenheit sowie innere Ruhe und Gelassenheit. Ein Hesychast ist also jemand, der die *hesychia* lebt, d. h. der als Mönch oder Einsiedler in äußerer Abgeschiedenheit sein Leben ganz auf Innerlichkeit und Beschauung auszurichten versucht. Der Hesychasmus geht zurück auf die Lehre vom „reinen Gebet" des Evagrios Pontikos († 399), d. h. auf die Lehre vom gedanken-freien und bild-losen Gebet. Dieser gelehrte Mönch verband in sich die Spiritualität der Wüstenväter

und der großen alexandrinischen Theologen, vor allem des Origines († 254). Die Spiritualität der Mönche vom Sinai war von einer starken Jesusfrömmigkeit geprägt, deren natürliche Frucht die Anrufung des Jesus-Namens war.

Zu den palästinensisch-sinaitischen Vätern gehören im 6. Jh. vor allem die beiden Schweigemönche **Barsanuphios der Große** († um 540) aus dem Kloster des Abtes Seridos zwischen Askalon und Gaza und sein Schüler **Johannes, der Prophet**. Beide haben eine Sammlung von 850 geistlichen Briefen verfasst, die u. a. ein wichtiges Zeugnis der geistlichen Führung durch den Geistlichen Vater darstellen.

Etwa ein Jahrhundert später war **Johannes Klimakos** (580–649) Mönch im Sinaikloster, zuerst Einsiedler, dann Abt. Er trägt seinen Beinamen von seinem Hauptwerk, der „Leiter (griech. *klimax*) zum Paradies". Es ist bis heute ein Standardwerk hesychastischer und überhaupt östlicher monastischer Spiritualität. Die „Paradiesleiter" hatte für die Verbreitung des Jesusgebetes große Bedeutung.

In die monastische Landschaft des Sinai gehören ferner **Hesychios vom Bathoskloster**, dem Dornstrauchkloster (Ende des 7. Jh.) und **Philotheos vom Sinai** (9.–10. Jh.). Beide sind für eine weitere methodische Ausgestaltung des Jesusgebetes wichtig.

Mit **Simeon dem Neuen Theologen** (949–1022) erreicht die erste große Epoche der byzantinischen Mystik ihren Höhepunkt und auch ihr Ende. Schon zu seinen Lebzeiten hatte die Hesychia beim orientalischen Mönchtum an Bedeutung verloren und geriet in Vergessenheit.

(2) Zu einem neuen Aufblühen der hesychastischen Mystik kam es im 14. Jh. auf dem **Berge Athos**. Hauptträger dieser Erneuerung sind der **hl. Gregor vom Sinai**

(1255–1346), der Laie Nikolaos Kabasilas († 1371) und der **hl. Gregor Palamas** (1296/97–1360). Gregor der Sinait ist gleichsam das Bindeglied zwischen der sinaitischen und der athonitischen Frömmigkeit. Er hat die alte hesychastische Überlieferung durch seine Begegnung mit dem Mönch Arsenios auf Kreta wiederentdeckt und durch seine Lehre, mehr noch durch sein Beispiel zu neuer Bedeutung und nachhaltiger Wirkung gebracht. Gregor Palamas, später Erzbischof von Tessalonich, wird durch seine öffentliche Auseinandersetzung mit dem gelehrten Mönch Barlaam aus Kalabrien (um 1280–1348) um die Gebetsweise und mystischen Erfahrungen der Hesychasten zum Hauptvertreter des östlichen Hesychasmus. Hier ist auch **Nikephoros der Einsiedler** († um 1360) zu nennen, der als geistlicher Lehrer des Gregor Palamas gilt. Er empfiehlt die hesychastische Gebetsweise, die später die „physische Methode" genannt und Symeon dem neuen Theologen zugeschrieben wurde. Seine Schriften, vor allem die „Methode über das heilige Gebet und die Achtsamkeit" genießen in der monastischen Tradition des Ostens hohes Ansehen.

Eine Art Zusammenfassung und Synthese der athonitischen Periode, die auch das goldene Zeitalter des Hesychasmus genannt wird, bildet die Zenturie (Hundert-Sprüche-Lehre) des Kallistos und Ignatios Xanthopoulos (Ende 14. Jh.), beide genannt nach dem von ihnen gegründeten Kloster Xanthopulon-Kellion in Konstantinopel. Sie ist im Gegensatz zu den oft polemischen Schriften des Gregor Palamas eine rein positive Darstellung der hesychastischen Frömmigkeit, in deren Mitte das Jesusgebet steht.

Vom Athos aus wurde die Übung des Jesusgebetes in den griechischen und slawischen Raum getragen. Der hl.

Gregor der Sinait wirkte auch hier als Bindeglied. Er gründete im bulgarischen Gebiet von Paroria an der Grenze zum byzantinischen Reich ein Kloster und sammelte während seiner letzten Jahre eine beträchtliche Zahl von Mönchen, Griechen, Bulgaren und Serben. Sein Wirken hatte eine große Ausstrahlung auf die Länder des Balkans und auf Russland. **Nil Sorskij** (1433–1508) betrachtet den hl. Gregor vom Sinai als „den tiefsten Geist der Ostkirche". Dieser russische Starze pilgerte von seinem Kloster in der Nähe des Weißen Sees zusammen mit seinem Freund Innokentij zum Berg Athos, um tiefere Unterweisung im Gebet zu finden. Dort verbrachte er mehrere Jahre und studierte unter Anleitung den ganzen Reichtum geistlicher Überlieferung, vor allem die Werke der bereits genannten großen Väter. Es sind die Väter, die das monastische Leben auf die Grundlage des Herzensgebetes und der Gottverbundenheit stellen. In besonderer Weise fühlt sich Nil Sorskij mit dem hl. Gregor vom Sinai verbunden, dessen Geist auf dem Athos in seinen Schülern noch lebendig war.

Nach Russland zurückgekehrt, siedelte er sich mit Innokentij in der Nähe seines früheren Klosters in den einsamen Tannenwäldern des russischen Nordens an und gründete nach dem Beispiel der ägyptischen Mönche der Sketis neue Klostergemeinschaften. Doch sein hesychastischer Aufbruch konnte sich gegen die neue geistige Richtung des hl. Josif von Volokalamsk († 1515) und dessen Schüler, des Moskauer Metropoliten Daniil († 1547) nicht durchsetzen. Diese beiden wollten Kirche und Staat weiter miteinander verbinden und nach dem Untergang von Byzanz Moskau als das dritte Rom institutionalisieren. So geriet Nil Sorskij mit seiner Erneuerungsbewegung für lange Zeit in Vergessenheit.

(3) In der zweiten Hälfte des 18. Jh. kommt es zu einer Wiedergeburt der hesychastischen Frömmigkeit auf dem **Berg Athos.** Der griechische Mönch **Nikodemos der Hagiorit,** d. h. vom hl. Berg Athos (1748–1809) trägt über mehrere Jahrzehnte die Schriften der alten Väter des christlichen Ostens zusammen und vertieft sich darin. Er vergleicht die Texte, die sein Freund, der Erzbischof **Makarios von Korinth** (1731–1805) zusammengestellt hat, mit den ihm verfügbaren Handschriften, verfasst zu den verschiedenen Autoren, einführende Kurzbiografien und schreibt die Einführung zur „Philokalie", d. h. die „Liebe zur geistlichen Schönheit", die sie gemeinsam 1782 in Venedig veröffentlichen. Sie ist eine Art Anthologie von mehr als dreißig Autoren der Ostkirche vom 4. bis 14. Jh., die sich alle auf irgendeine Weise mit dem Herzensgebet befassen, mit seiner Methode und der damit verbundenen Lebensweise, ferner mit den mystischen Erfahrungen, die den Betenden geschenkt werden können, sowie deren Erscheinungsform und theologischen Deutung. Es ging den beiden Herausgebern der Philokalie darum, eine lange kontemplative Tradition wieder aufzugreifen, die wieder Gefahr lief, in Vergessenheit zu geraten, vor allem, weil entsprechende Texte nicht zur Verfügung standen und nicht genug bekannt waren. Diese Philokalie wurde zum Handbuch der Starzen des 19. Jh., besonders in Griechenland und Russland. Bis auf den heutigen Tag ist sie der wichtigste spirituelle Leitfaden für die Mönche des christlichen Ostens, das Standardwerk orthodoxer Frömmigkeit und Spiritualität.

Die späteren Autoren der Philokalie betonen vor allem einen Aspekt des immerwährenden Jesus- oder Herzensgebetes, der schon im 11. Jh. aufkam, dass nicht nur Mönche, Einsiedler und Priester, sondern jeder Christ zu diesem Gebet berufen ist. Die Hesychia wird also nicht mehr allein in äußerer Einsamkeit und Abgeschiedenheit verwirklicht, sondern mehr und mehr verinnerlicht. Die Klausur des Herzens ist *der* „Ort" für jeden, der die Vereinigung mit Christus sucht.

Fast zur gleichen Zeit arbeitete der russische Archimandrit **Paisij Velickowskij** (1722–1794) in zwei Moldau-Klöstern an der Übersetzung geistlicher Schriften ins Moldavische und Kirchenslavische. 1793 veröffentlichte er in St. Petersburg eine gekürzte kirchenslavische Ausgabe der Philokalie unter dem Titel *„Dobrotoljubie"*, das heißt „Liebe zum Guten". Von den 38 Autoren der griechischen Philokalie übernahm er nur 15. Die Dobrotoljubie fand in Russland große Verbreitung und machte das Jesusgebet in der Bevölkerung bekannt.

1739 hatte Paisij die Akademie in Kiew ohne Abschluss verlassen und war ruhelos durch die Klöster der Moldau gewandert. 1746 besuchte er den Athos und lebte dort eine Zeit in Einsamkeit. Weil er keinen geistlichen Lehrer für den inneren Weg fand, drängte es ihn, zusammen mit seinen Mönchen die schriftlichen Unterweisungen der griechischen Väter zu sammeln, intensiv zu studieren und zu übersetzen. Seine Schüler brachten im 19. Jh. das Starzentum in Russland zu einer großen Blüte.

(4) Der vielleicht größte und einer der beim Volk beliebtesten Vertreter des **russischen Hesychasmus im 19. Jh.** ist der **hl. Serafim von Sarov** (1759–1833). Er lebte gut dreißig Jahre als Eremit, davon fünfzehn Jahre als Klausner im Kloster. Die letzten acht Jahre seine Lebens wirkte er als Starez für das Volk mit Krankenheilungen, Prophezeiun-

gen und Wegweisungen. Neben den **großen Starzen der Optina-Eremitage, Leonid** (1768–1841), **Makarij** († 1860), **Amwrosij** (1812–1891), **Josif** (1768–1894), sind vor allem die beiden Bischöfe, der **hl. Theophan der Klausner** (Georg Goworow 1815–1894) und der **hl. Ignatij Brianchaninov** (1807–1876) zu nennen. Theophan gilt als einer der bedeutendsten Vertreter des russischen Hesychasmus. Er gehörte eine Zeit lang zur russischen geistlichen Mission in Jerusalem (1847–1854) und hatte so Gelegenheit, in Palästina viele alte Klöster zu besuchen. Seine große Kenntnis der monastischen Tradition des Orients wie der Patristik befähigte ihn, vor allem eine neue, auf fünf Bände vervollständigte Ausgabe der *Dobrotoljubie* herauszugeben (1877–1889). Sie ist eine erweiterte, der russischen Mentalität angepasste Übersetzung.

Die Geschichte des Jesusgebetes ist eng mit der Philokalia bzw. mit der Dobrotoljubie verbunden, wie „*Die aufrichtigen Erzählungen eines russischen Pilgers*" bezeugen. Bei diesem Buch weiß man nicht, ob es eine literarisch überarbeitete Biografie ist oder eine in eine Biografie gefasste Unterweisung zur Übung des Jesusgebetes. Der erste Teil erschien 1870 in Russland, der zweite folgte 1911, beide ohne Autorenangabe. Reinhold von Walter hat beide Teile des Buches meisterhaft übersetzt, den zweiten Teil aber innerhalb des Sammelbandes „Russische Mystik, Eine Anthologie", München ²1973 um wesentliche Teile gekürzt. Emmanuel Jungclaussen OSB hat auf der Basis der von Walterschen Übersetzung 1974 zum ersten Mal eine vollständige Ausgabe bei Herder herausgebracht, die mittlerweile eine zweistellige Auflagenhöhe erreicht hat.

Theophan lebte nach seiner Resignation vom Bischofsamt ungefähr 28 Jahre in immer strengerer Klausur in der Vysen-Einsiedelei bei Tambov. Er unterhielt eine ausgedehnte seelsorgerliche Korrespondenz und praktizierte so eine ganz eigene Form des Starzentums und der geistlichen Führung. Seine Unterweisungen zum Jesusgebet, die sich in seinen verschiedenen Schriften verstreut finden, wurden vom Abt des berühmten Inselklosters Valaamo im Ladogasee, **Igumen Chariton**, 1936 zusammen mit anderen Texten von meist russischen Autoren herausgegeben. Kallistos (Timothy) Ware hat von dieser Anthologie 1966 eine englische Übersetzung mit einer ausführlichen Einleitung herausgebracht. Die Ausgabe erschien unter dem Titel: „The Art of Prayer. An Orthodox Anthology." Der Otto-Müller-Verlag hat 1985 von den ausschließlich von Theophan stammenden Texten eine deutsche Übersetzung mit dem Titel: „Schule des Herzensgebetes. Die Weisheit des Starez Theophan" veröffentlicht.

Nach Theophan sind die verschiedenen von den Vätern beschriebenen Methoden und Techniken des Jesusgebetes nicht für alle etwas. Zentral sei es, sich der Gegenwart Gottes bewusst zu sein, die Aufmerksamkeit im Herzen zu bewahren und die Anrufung des Namens „Jesus" mit Hingabe ruhig und langsam ohne Unterbrechung zu sprechen. Alles andere sei Beiwerk.

Ignatij kam aus der Gegend, die man die „russische Thebais" nannte, ein Gebiet, das mit vielen Klöstern und Einsiedeleien besiedelt war. Er war tief im mystischen Geist der Ostkirche verwurzelt. Durch seine Verbindung mit dem Starzentum und seine Schriften übte er auf das russische Mönchtum einen großen erzieherischen Einfluss aus. Auf

Befehl des Zaren Nikolaj, der meinte, ein guter Pionieroffizier könne auch kein schlechter Mönch sein, wurde er mit 26 Jahren Abt eines Klosters in der Nähe von Petersburg, das er 24 Jahre leitete. Danach wurde er zum Bischof von Stawropol und Kaukasus ernannt, legte aber sein Amt nach drei Jahren nieder und zog sich die letzten sechs Jahre seines Lebens in ein Kloster zurück. Dort schrieb er seine bedeutenden „Asketische Versuche". Ignatij erweiterte in seiner Petersburger Neuauflage 1857 die kirchenslawische *Dobrotoljubie* des Paisij Velickowskij mit russischen Autoren zum Jesusgebet und stellte sie an den Anfang seiner Neuausgabe, weil sie einfacher und elementarer seien als die griechischen und deshalb zuerst gelesen werden sollten.

Gegen Ende des 19. Jh. gibt es im russischen Mönchtum einen letzten großen Zug in die „Wüste", in die Einsamkeit der kaukasischen Berge. 1875 gründeten Mönche des russischen Pantaleimon-Klosters auf dem Athos am Fuße des Kaukasus in der Nähe der Stadt Suchumi beim Schwarzen Meer das Neu-Athos-Kloster Simon Kananäus. Einer von ihnen war der **Schimonach Ilarion**, der sich später in die Berge des Großen Kaukasus zurückzog, wo er anderen Einsiedlern begegnete. Seine Erfahrungen und Meditationen wurden 1907 in dem Buch „Auf den Bergen des Kaukasus" veröffentlicht (deutsche Übersetzung mit einem Vorwort von Bonifaz Tittel OSB, Salzburg 1991). Das Buch wurde zu einem richtigen Volksbuch über das Jesus-Gebet.

Doch die im Buch vertretene Meinung, dass im angerufenen Namen „Jesus" Gott selbst zugegen sei, stieß auch auf heftigen Widerspruch, der vor allem auf dem Athos schnell eskalierte. Es kam zur Verurteilung der angefochtenen Lehre durch den Heiligen Russischen Synod (1913), die schließlich zur gewaltsamen Deportation von mehr als 800 Mönchen des Andreas-Klosters auf dem Athos mit dem Kanonenboot „Donez" nach Odessa führte. Damit begann der Niedergang des russischen Mönchtums auf dem Athos. Doch die Lehre Ilarions fand weiter namhafte Verfechter, die sie für rechtgläubig hielten. Die theologische Kontroverse blieb bis heute ungelöst.

Im Westen ist das Jesusgebet vor allem durch den Kontakt mit der russischen Diaspora bekannt geworden. Das hatte seine Ursache vor allem in den Millionen russischer Flüchtlinge nach dem Ersten Weltkrieg. Diese Migration brachte gläubige Menschen in den Westen, denen daran gelegen war, ihre orthodoxe Spiritualität zu verbreiten und zu vertiefen.

Der Kontext ostkirchlicher Spiritualität bleibt mit seinen wesentlichen Inhalten auch für den westlichen Beter des Jesus- oder Herzensgebetes maßgebend, sonst läuft dieser Weg Gefahr, zum Irrweg zu werden. Zum Kontext gehören eine aufrichtige und konsequente Gottsuche mit einem gesunden Streben nach Innerlichkeit und Beschauung (Hesychia) sowie ein Verbundensein mit dem liturgischen und sakramentalen Leben der Kirche und nicht zuletzt das häufige Lesen der Evangelien. „Jeder, der in seinem Herzen das Gedenken Gottes, oder, was dasselbe ist, das Jesusgebet, bestärken will, muss unbedingt möglichst oft das Heilige Evangelium lesen . . . Der Name Jesus Christus ist Wurzel und Grund, Mittelpunkt und innere Kraft des Evangeliums" (Ilarion, Auf den Bergen des Kaukasus, S. 84). „Der Geist des Evangeliums und des Jesusgebetes sind ein und dasselbe" (a.a.O., S. 83). Dem russischen Pilger wird anhand der Evangelien das Geheimnis des Jesusgebetes erläutert: „Ohne das Evangelium ist es unmöglich, das gebührende Gebet zu erlernen“ (S. 175ff.). Das Evangelium wird im Geist des Gebetes gelesen und führt wieder ins Beten. Das Gebet wiederum nährt sich von der vorausgegangenen Lesung der Heiligen Schrift, in der das Herz Gottes sich zeigt.

In einer Zeit religiöser Desorientierung und starker Verwerfungen im kirchlichen Leben wird es m.E. zunächst genügen, wenn jemand bei der aufrichtigen Suche nach Sinn in Jesus von Nazareth anfanghaft die Quelle seines Lebens entdeckt und zu ihr unterwegs bleibt.

2004 hat der Verlag „Der christliche Osten“ erstmals eine vollständige deutsche Ausgabe der Philokalie herausgebracht (2. Auflage 2007, 3. Auflage 2016 im Beuroner Kunstverlag). Sie stützt sich auf die 3. Auflage der griechischen Philokalie (Athen 1957–1963).

Alle aus den verschiedenen Jahrhunderten überlieferten Texte zum Herzensgebet sind im wesentlichen erfahrungsbezogene Anweisungen zur Einübung der Hesychia. Sie sind jeweils auf der Hintergrund ihres kulturellen, religiösen, theologischen, gesellschaftspolitischen und sozialen Kontextes zu verstehen und entsprechend zu übersetzen.

2. Hesychia, das Schweigen im Gebet

In der Tradition des Herzensgebetes ist das Mühen um *Hesychia* zentral. In dieses Schweigen des Herzens führt das unablässige Bemühen, *während der Übung* alle Gedanken und Begriffe beiseite zu legen, alle Bilder und Vorstellungen loszulassen, alle Phantasien und Erinnerungen ruhen zu lassen, vor allem die Erinnerung an die Wunden, die das

Leben uns geschlagen hat, und an die Verbitterungen und Rachegefühle, die unser Herz verschließen und uns nicht zur Ruhe kommen lassen vor Gott; ferner das Bemühen, sich von allen Wünschen, Plänen und Neigungen, Gefühlen und Empfindungen zu lösen, die sich auf etwas ausrichten, das nicht Gott ist. Die Väter meinen zudem, dass wir vom Schweigen des Herzens noch weit entfernt sind, wenn wir andere ständig beurteilen und kritisieren.

Versuche also, alle Fähigkeiten und Aktivitäten deines Geistes (Verstand, Intellekt, griechisch: *nous)* zur Ruhe, zum Schweigen zu bringen.

Als wichtigste Grundlage der Hesychia ist ein tief inneres Wissen um die eigene Gebrochenheit und Schwäche, ein Vertrautsein mit der eigenen Versuchbarkeit, mit den eigenen Gefährdungen. Aus diesem Bodenkontakt mit der eigenen Wirklichkeit resultiert eine Haltung, die wir „Demut" nennen, sowie Ehrfurcht vor jedem Geschöpf und Barmherzigkeit gegenüber jedem Menschen, auch Trauer und Schmerz über die Erfahrung von Versagen und Schuld im eigenen Leben und von daher das Bemühen, im Kampf mit den eigenen Leidenschaften und in Auseinandersetzung mit den eigenen Bedürfnissen und Gefühlen zu einem freien, geläuterten und erlösten Umgang mit ihnen zu finden.

Wenn jemand sich so „freisetzen" lässt und „arm" wird, dann einzig und allein, um sich ganz für Gottes Gegenwart zu bereiten und sich von ihr durchdringen zu lassen. Hesychia hat also zum Ziel einen Menschen, der in seinem Herzen vor Gott steht.

Um zu dieser Herzensruhe zu gelangen, muss man von der äußeren Ruhe zum Schweigen des Herzens finden. Es gibt keine berufliche Tätigkeit und keine Lebenssituation, die sich nicht mit der Herzensruhe vereinbaren lässt. Selbst in Situationen großer Beanspruchung im beruflichen und familiären Alltag, wenn weniger einfache Gebetsweisen unmöglich geworden sind, kann die Anrufung des hl. Namens mich im Schweigen des Herzens „halten".

Es kommt also m. a. W. auf die „Klausur des Herzens" an, in der *die liebende Ausrichtung auf Gott* hin lebendig bleibt.

3. Das Jesusgebet als Weg zur Hesychia

Wie hilft nun die Übung des Jesusgebetes, sich für diese Qualität des Schweigens und der Stille zu disponieren?

Wer sich zum Beten sammelt und sich zum Schweigen bringen möchte, spürt immer neu das Unvermögen, dem ruhelosen Strom von Gedanken, Bildern und Vorstellungen, der über unseren inneren Bildschirm läuft, zu stoppen. Gewaltsam kann man diese Flut nicht aufhalten, aber es ist möglich, durch das unablässige Wiederholen einer Gebetsformel die ruhelose Aktivität unseres Geistes nach und nach zu vereinfachen und schrittweise die Gedanken, Bilder und Vorstellungen loszulassen, die das bewusste und unbewusste Selbst uns präsentieren. Dieses Loslassen entspricht wohl dem, was *Evagrios Pontikos* († 399) das „Beiseitelegen der Gedanken" nannte. Evagrios war selbst Mönch in der ägyptischen Wüste (seit 383), tief verwurzelt in der auf Antonios d. Gr. zurückgehenden Mönchsspiritualität, geistlicher Schriftsteller und gesuchter geistlicher Vater.

Die ruhige und beständige Anrufung des Namens Jesu hilft, unseren unruhig bewegten Geist aus der Zerstreuung zu sammeln und auf einen Zielpunkt hin zu konzentrieren. „Durch die Erinnerung an Jesus sammle deinen zerstreuten Geist" (*hl. Philotheus vom Sinai,* 9./10. Jh.). Solange wir in dieser Übung ausharren, wird unser Verstand von leeren Gedanken gereinigt und unser Herz durch die Gnade des Hl. Geistes geheiligt.

Die Übung des Jesusgebetes ist zunächst sehr einfach: Man wiederholt mündlich oder im Innern unaufhörlich das Gebet: *„Herr, Jesus Christus, erbarme dich meiner".* In der Ostkirche ist die gebräuchlichste Form: „Herr Jesus Christus, Sohn Gottes, erbarme dich meiner, des Sünders". Welche Gebetsformel man auch immer verwendet, Mittelpunkt und Herzstück der Anrufung ist der heilige Name selbst, das Wort *„Jesus".* Die Gebetsworte soll man nicht oft verändern, damit sie sich im Herzen einwurzeln können. Wer sein Gebetswort häufig wechselt, verzögert den inneren Prozess der Hesychia.

Das Jesusgebet ist nicht ein beliebiges, austauschbares rhythmisches Mantra, das dazu dient, die Konzentration zu fördern. Es ist vielmehr eine persönliche Anrufung, die sich an Jesus Christus richtet, der in Bethlehem geboren, außerhalb Jerusalems am Kreuz gestorben und von den Toten auferstanden ist und dessen Wiederkunft wir erwarten. Wenn wir ein Gebetswort aus der Tradition des Herzensgebetes wählen, so verbindet es uns mit einem Kraftfeld, das entsteht, wenn unzählige Menschen durch Jahrhunderte hindurch dasselbe beten.

Das ruhige, unablässige Wiederholen dieser Gebetsworte *kann* man auch mit dem Rhythmus des Atems in

Einklang bringen: beim Einatmen: „*Herr, Jesus Christus*“, beim Ausatmen: „*erbarme dich meiner*“. Im Rhythmus dieser konzentrierenden Gebetsübung löst sich die Aufmerksamkeit unseres Bewusstseins allmählich von dem, was die Stille und das Schweigen des Herzens stört und sammelt sich auf Anbetung hin. Wenn wir die Anrufung des heiligen Namens mit unserem Atem verbinden, dann wird uns (vielleicht) bewusst, dass der Herr uns ganz nahe ist, mit uns so eng verbunden wie der Atem.

Lassen wir uns nicht dadurch beirren, dass wir das Gebet anfangs nur mit dem Mund sprechen, die Gedanken umherirren und wir uns träge und teilnahmslos fühlen. Die Erfahrung lehrt, dass die monotone Wiederholung einer Gebetsformel unseren Verstand allmählich beruhigt, der ständig am Analysieren, Werten und Reflektieren ist. Wenn es nur um einen einzigen Gedanken geht, verschwinden nach und nach die vielfältigen Gedanken. Unsere Aufmerksamkeit wird auf das *Eine* gesammelt, und wir finden mehr und mehr in die Ausrichtung dessen, was wir beten.

Wenn es uns nicht möglich ist, den Namen des Herrn mit Andacht, Eifer und großer Aufmerksamkeit anzurufen, dann wird der Herr unseren guten Willen annehmen. Bete also, wie du kannst!

Ein solches Anrufen des hl. Namens bildet gleichsam den Vorhof des Betens (*Alla Selawary*). Wenn wir eine gewisse Zeit für die Anrufung des Namens verwendet und dabei nichts „gefühlt“ haben, dann ist die Zeit nicht vertan und unsere Anstrengung nicht fruchtlos gewesen. Dieses taube Gebet kann möglicherweise Gott wohlgefälliger sein als die Augenblicke des Ergriffenseins, denn es war frei von jeder ich-bezogenen Freude. Es ist nicht wichtig, dass bei einer Gebetszeit etwas herauskommt, so wie es unseren Vorstellungen und Wünschen entspricht; wichtig ist, dass etwas hereinkommt und uns wandelt, ohne dass wir das gleich merken.

Wie der Pilger in den „Aufrichtigen Erzählungen“ darf ich das Jesusgebet nur aus dem Verlangen heraus üben, Christus zu gehorchen und ihm ganz zu gehören. Die Übung des Jesusgebetes soll schließlich dazu führen, dass wir mehr und mehr in Gottes Gegenwart leben: vom Aufwachen am Morgen bis zum Einschlafen am Abend, im Bewusstsein, dass der Herr uns nahe ist.

Zusammenfassung

- In der Tradition des Herzensgebetes ist das Mühen um Hesychia, das Schweigen und die Ruhe des Herzens zentral, d.h. wir stellen uns darauf ein, alle Fähigkeiten und Aktivitäten unseres Geistes (Verstand, Intellekt) zur Ruhe, zum Schweigen zu bringen.
- Die wichtigste Voraussetzung für die Hesychia ist ein tief inneres Wissen um die eigene Zwiespältigkeit und die eigenen Gefährdungen sowie das Bemühen im Kampf mit den eigenen Leidenschaften und in Auseinandersetzung mit den eignen Bedürfnissen und ungeordneten Neigungen, um zu einem geläuterten und erlösten Umgang mit ihnen zu kommen.
- Das Ziel der Hesychia ist, dass wir in unserem Herzen, also mit unserem Personkern vor dem Herrn Jesus stehen mit dem Verlangen, unser Leben ganz auf ihn auszurichten.

- Das Herzensgebet ist einfach und auch in Situationen großer Beanspruchung im beruflichen wie im familiären Alltag möglich.
- Um unseren bewegten und in alle Richtungen zerstreuten Geist zu sammeln, konzentrieren wir uns auf eine einfache Gebetsformel: „Herr Jesus Christus, erbarme Dich meiner" und versuchen, ihn in diesen Worten gleichsam einzufangen und festzuhalten.
- Es ist nicht wichtig, dass bei einer Gebetszeit etwas „herauskommt", wichtig ist, dass etwas „hereinkommt".

4. *Der Weg zum Herzen*

(1) Äußere Hilfen für das Jesusgebet

- Auf dem Weg zum inneren Schweigen braucht es zunächst regelmäßige Gebetszeiten mit einem räumlichen Abstand von unserem familiären, sozialen und beruflichen Alltag.
- Zur Sammlung und Konzentration bei der Übung des Jesusgebetes, d. h. wenn unsere ganze Aufmerksamkeit nur darauf ausgerichtet ist, den hl. Namen anzurufen, wird ein abgedunkelter und geräuscharmer Raum empfohlen.
- Nach Möglichkeit soll man eine leibliche Haltung einnehmen, die einerseits körperliche Ruhe und Gelassenheit sowie geistige Präsenz fördert, andererseits Ausdruck der Ehrfurcht und Demut vor dem Geheimnis Gottes ist. Ohne Ehrfurcht und Demut gibt es keine tiefe religiöse Erfahrung.
- Man verwendet oft eine Gebetsschnur (griech.: *Komboskinion*, russ.: *tschetki*), die meist aus hundert geflochtenen Knoten besteht. Beim Beten lässt man die Schnur

durch die Hand gleiten und mit jedem Knoten wird einmal das Jesusgebet gesprochen. So hilft die Gebetsschnur, sich zu konzentrieren und einen gleichmäßigen Rhythmus zu finden.

- Die Anrufung des Namens *Jesus* mit dem Rhythmus des Atems zu verbinden, kann eine Hilfe zur Sammlung sein, ist aber kein wesentlicher Teil des Jesusgebetes. Wenn wir die Worte des Jesusgebetes mit dem Ein- und Ausatmen synchronisieren, kann das die Anrufung konstanter und kontinuierlicher machen.
- Um den ruhelosen Strom von Gedanken, Bildern und Vorstellungen zu „bändigen“, hilft es meist eher, sie nicht direkt zu bekämpfen und durch Willensanstrengung gewaltsam auszutreiben oder zu unterdrücken. Man soll sich vielmehr bemühen, die Aufmerksamkeit von ihnen wegzulenken, sie auf den Herrn zu richten und konsequent bei der Anrufung des Namens „Jesus“ bleiben.
- Wenn Gefühle von Hass und Neid hochkommen, den Herrn um Erlösung aus der Unversöhnlichkeit bitten.

(2) Der innere Vollzug des Jesusgebetes: ununterbrochenes und bildloses Beten

Zwei Dinge sind wichtig:

a) Am Anfang soll man das Jesusgebet langsam, sanft und ruhig sprechen. Jedes Wort soll mit Sammlung und ohne Hast gesagt werden ohne unangemessene Betonung. Das Gebet soll in einer sanften, natürlichen Weise fließen. Wir müssen immer beten mit einer inneren Aufmerksamkeit und Konzentration, aber gleichzeitig soll damit keine Anstrengung, keine selbst verursachte Intensität oder künstliche Emotion verbunden sein. Nach jeder Gebetsformel soll man eine kleine Pause machen, bevor man neu beginnt. Das wird dazu beitragen, dass der Geist aufmerksam bleibt. Also den Namen Jesus, soweit wie nur möglich, *ununterbrochen*, und zwar *regelmäßig und rhythmisch, ruhig und beständig* anrufen.

Man soll lernen, während der ganzen Dauer des Gebets mit den Augen des Glaubens unverwandt auf den Herrn zu schauen, sich ihm von Angesicht zu Angesicht gegenwärtig zu wissen.

b) Wichtig ist auch, dass die Anrufung *leer von allen bildhaften Vorstellungen* bleibt. „Halte deinen Verstand stets frei von Bildern, Farben und Formen jeder Art!" (*hl. Gregor vom Sinai*). Man soll also nicht versuchen, sich Jesus Christus vorzustellen, z.B. als Mensch in irgendeiner Lebenssituation oder tot am Kreuz hängend. Das Jesusgebet soll nicht mit Bildern verknüpft werden, die in unserer Phantasie entstehen, weil das zu Einbildungen führen kann, die uns täuschen. Die Anrufung des hl. Namens soll allein mit dem Glauben an die Gegenwart Christi und mit dem Bewusstsein verbunden sein, dem lebendigen Herrn gegenwärtig zu sein.

Das Jesusgebet ist also nicht eine Weise, besondere Ereignisse aus dem Leben Jesu zu meditieren. Es ist eher eine Methode, die Gedanken beiseite zu legen, die Aufmerksamkeit zu konzentrieren und den Geist wach zu halten, um ihn schließlich ins Herz zu führen und dort zu halten, sodass wir im Herzen vor Gott stehen.

Um zum wahren Beten des Herzens zu kommen, muss unser Geist geeint werden. Er muss vom Fragmentarischen zum Ganzen, von der Vielfalt zur Einheit und Einfachheit gebracht werden. Nur so wird er nach und nach fähig, ins Herz einzugehen und dort zu bleiben. Das ist das Ziel des Jesusgebetes. „Um das beständige Andrängen deiner Gedanken zu beenden," sagt *Theophan, der Klausner*, „musst du deinen Geist binden mit einem einzigen Gedanken oder dem Gedanken des Einen" – dem Gedanken an den Herrn Jesus. Deshalb ist das Jesusgebet sowohl *ununterbrochen als auch bild-los*. Nur so kann es wirksam die Aufgabe der Vereinigung und Vereinfachung erfüllen.

Beim Jesusgebet ist die Konzentration auf den Herzbereich zentral. Deshalb wird es auch Herzensgebet genannt. Bemühe dich unablässig, deinen unruhigen und umherschweifenden Geist (*nous*) in die Gebetsworte gleichsam einzufangen und einzuschließen und ihn ins Herz hinabzuführen. Verweile mit deiner ganzen Aufmerksamkeit im Herzen und halte ihn dort mit der Kraft des hl Namens Jesu Christi.

Wenn wir so ins Gebet gehen, geben wir Gott die Möglichkeit, sich zu offenbaren, d. h. wir erlauben Gott, Gott zu sein, und wir erlauben uns, wir selbst zu sein – in seiner Gegenwart. Beten ist ja nicht etwas, das von uns ausgeht, sondern etwas, an dem wir teilhaben. Inneres Beten bedeutet: eintreten in das Handeln Gottes, ihn an uns, an mir handeln zu lassen.

(3) Die tägliche Disziplin des unablässigen Wiederholens

Wir sagen unser Gebetswort ohne Erwartungsdruck, als müsse etwas dabei herauskommen, sind aber offen für das, was sich uns zeigen will. Die Bereitschaft, das Wort zu sagen Stunde für Stunde, Tag für Tag, unbekümmert um Ergebnisse, wächst aus dem Vertrauen, auf *dem* Weg zu sein, auf dem wir uns dem Geheimnis Gottes und dem Geheimnis unseres Lebens nähern. *Also: Sag Dein Gebetswort und begnüge Dich damit, dabei zu bleiben!*

Das Gebetswort ist Ausdruck unserer Hingabe an Jesus, um mit dem Kraftfeld seiner Gegenwart in Berührung zu kommen und uns von ihm durchdringen zu lassen.

Das ständige, ruhige, geduldige und ergebene Anrufen des Namens *Jesus*, die Disziplin des regelmäßigen Sitzens wird möglich, wenn ich davon überzeugt bin, dass es z.Zt. nichts Wichtigeres gibt als diese Gebetsübung. Die Anrufung des hl. Namens ist Ausdruck der inneren Einstellung, Gott um seiner Selbst willen zu lieben (Dtn 6,5), unabhängig davon, ob uns dabei spirituelle Erfahrungen zuteilwerden oder nicht. Das Ziel der Hesychia liegt jenseits aller spirituellen Tröstung. Mit dem Gebetswort öffnen wir uns der heilenden Kraft der göttlichen Gegenwart.

Wenn uns die Erfahrung der liebenden Gegenwart Christi geschenkt wird, lassen wir das Gebetswort ruhen. Wir erfahren uns ja in diesen Momenten schon in seinem Kraftfeld.

Die tägliche Disziplin, unser Gebetswort unablässig mit der ganzen Aufmerksamkeit unseres Herzens zu sagen, hat zum Ziel, unseren Blick ganz auf Jesus auszurichten, unsere Augen zu öffnen für die größere Wirklichkeit, die in Jesus geoffenbart ist, der eins ist mit dem Vater. Unser Gebetswort sagen, bedeutet also, einen Weg einzuschlagen, der ganz auf Gott hin ausgerichtet ist, damit seine geheimnisvolle Gegenwart in uns mehr und mehr wirksam werden kann.

Durch das beständige Wiederholen kann das Gebetswort nach und nach in unser Herz sinken und uns behutsam fortführen von allem, was nicht Gott ist. Diese Treue des unablässigen Wiederholens ist die Voraussetzung dafür, dass das Wort in unserem Herzen Wurzeln schlägt und uns stille werden lässt. Wenn wir unser Gebetswort klingen lassen bis in die Tiefen unseres Geistes und ihm nachlauschen, werden wir auf die Stille zu bewegt und lernen, dass wir die Stille nicht zu schaffen brauchen. Sie ist da. Wir müssen uns nur für sie öffnen. Stille ist die Sprache des Geistes, der „Urstoff des Betens" (*M. Delbrêl*). Sie ist die wesentliche Antwort auf das Geheimnis Gottes, auf seine Unendlichkeit. Sie führt uns in einen Zustand der Wachheit und vermittelt uns die Erfahrung, ganz lebendig zu sein.

In der Stille des Betens wächst die Erkenntnis, dass wir angekommen sind und dass wir nur wir selbst werden können, wenn wir – wie der Täufer Johannes – zu der Einstellung finden: *Er (Christus) muss wachsen, ich aber abnehmen* (Joh 3,20). Noch so viele Selbstprüfung und Selbstanalyse wird uns nicht enthüllen, wer wir sind und warum wir sind. In der Stille des Gebetes entdecken wir, dass wir geliebt sind und liebenswert. Die Erfahrung muss jeder in seinem Leben machen, wenn er oder sie *ganz* werden will: ganz menschlich. Dann brauchen wir den anderen nicht mehr auf der Ebene der Konkurrenz zu begegnen.

Wenn wir in der Disziplin des unablässigen Wiederholens bleiben, dann kommen wir in Berührung mit dem Grund unseres Seins. Wir werden uns öffnen in der Tiefe unseres Wesens, und dort werden wir keine Ideale finden, sondern ein Du, das Gott ist (*André Louf*). Dann wird unsere Lebenslinie klar. In dieser heilenden Gegenwart kann es uns geschenkt werden, dass wir Abschied nehmen von unseren Illusionen, von Falschheit und Unwirklichkeit, von den Scheinformen des Lebens. Dann löst sich die Wurzel des Ego in uns und befreit uns von seiner isolierenden Kraft. Das macht uns offen für unser Leben im gegenwärtigen Augenblick, im ewigen Jetzt Gottes. Da finden wir den Mut, unser Leben mit Ihm und für Ihn zu leben.

Das Wesentliche dieser kontemplativen Gebetsweise ist kein Dialog, sondern *sich mit Christus vereinen lassen.* Christsein heißt, aus den Quellen des Einsseins mit Christus zu leben. Darum geht es bei diesem Gebet.

Der wichtigste Augenblick in unserem Leben ist der, in dem wir ganz offen sind für Christus. Das Ziel unseres Lebens ist ein Weg zu diesem Augenblick. Der Weg ist *einfach*, aber er verlangt, dass wir unsere ganze Existenz miteinbeziehen. In dieser Hingabe werden wir zu unserem wesentlichen Sein zurückgeführt. „In dieser Rück-führung werden wir klein genug, um durch das Nadelöhr hindurchzugehen" (*John Main*). Unsere Freiheit hängt von unserer Bereitschaft ab, uns durch dieses Nadelöhr ziehen zu lassen, d. h. Gott unser Bewusstsein darzubringen. Erst dann kommen wir zum vollen Bewusstsein. *Und das ist nicht so einfach*!

Das Herzensgebet ist keine Zeit für Worte, mögen sie noch so aufrichtig und wohlklingend sein. Alle unsere Worte werden bedeutungslos, wenn wir uns hineinziehen lassen in das Mysterium der Gemeinschaft mit Gott, dessen Wort vor und nach allen Worten ist.

Es ist unsere Lebensaufgabe, aus den Tiefen unserer Möglichkeiten zu leben. Dazu ist es notwendig, unseren Ursprung und unsere Bestimmung zu erkennen. Gebet ist der Weg, auf dem wir entdecken, wer wir sind und warum wir sind. In der Tiefe unseres Wesens können wir entdecken, wie wir in Gott verwurzelt sind. Hier öffnen wir uns für das Geschenk des Lebens, das uns gegeben ist. Hier finden wir Zugang zum ewigen Gebet Jesu, seiner liebenden Heimkehr zum Vater.

Das Herzensgebet – konsequent geübt – befähigt uns, soweit wie nur irgend möglich, im gegenwärtigen Augenblick zu sein. Unser Glück und unsere Erfüllung liegen im Hier und Jetzt. Das Jesusgebet ist gleichsam unser „Sakrament des gegenwärtigen Augenblicks“ (Pierre Caussade).

Wenn wir auf diese Weise beten, gehen wir einen Weg, der eine lange Tradition hat von vielen, vielen hundert Jahren. Es braucht Bescheidenheit, diese Tradition anzunehmen.

Wenn du bereit bist, den Weg des Herzensgebetes zu gehen, dann entscheide dich für diesen Weg und verlasse ihn nicht mehr. Es ist unerlässlich, es jahrelang zu beten, bis es Teil unseres Selbst geworden ist und ganz zu unserer Existenz gehört.

Das unablässige Beten mit ein und demselben Gebetswort oder -satz hat es in der christlichen Gebetstradition von Anfang an gegeben. Dahinter steckt die Gewissheit, dass das innere Beten jenseits all unserer Geistestätigkeit geschieht. Diese Tradition reicht zurück bis in apostolische Zeit.

Nach Johannes Cassian, der im 4. Jh. die spirituelle Tradition des Ostens in die lebendige Erfahrung des Westens eingebracht hat, besteht das spirituelle Leben aus der ernsthaften Ausdauer in der „strengen Armut eines einzigen Gebetswortes“ oder einer einzigen Gebetsformel (Cassian, Collationes Patrum X,11).

Mit der regelmäßigen Übung des Herzensgebetes kommt nach und nach *ein innerer Reinigungsprozess* in Gang. Das innere und äußere Schweigen und die tiefe Ruhe bleiben nicht ohne Auswirkung auf unseren ganzen Organismus. Durch das konsequente Exerzitium des Herzensgebetes und den dadurch ausgelösten inneren Reinigungsprozess werden allmählich psychische Schadstoffe gelöst und ausgeschieden, oft ohne dass wir etwas davon merken, so wie Träume, die nicht ins Bewusstsein treten, vieles vom Erleben des Tages verarbeiten und unser Unterbewusstsein entrümpeln.

Wenn nun während der Übung des Herzensgebetes lästige Gedanken und aufwühlende Gefühle auftauchen, soll man sich ihnen nicht widersetzen, aber ihnen auch nicht folgen oder nachhängen. Es empfiehlt sich, nicht gefühlsmäßig darauf zu reagieren, sondern unbekümmert zu unserem Gebetswort, zur Anrufung des hl. Namens zurückzukehren. Jeder freiwillige Gedanke, jede Beschäftigung mit aufkommenden Gefühlen beendet das Schweigen des Herzens und den unmittelbaren Gebetskontakt mit Gott.

Wenn ich aber feststellen muss, dass in meinen Gebetszeiten und im Alltag ein besonders starkes Gefühl immer wieder auftaucht und mich beschäftigt, dann muss ich ihm meine Aufmerksamkeit schenken, und zwar außerhalb der Gebetszeit.

(4) Der Kontext des Herzensgebetes: Schriftlesung und die Feier der Sakramente

Der Weg des Herzensgebetes steht in enger Verbindung mit der Lesung der Hl. Schrift, besonders des Neuen Testaments, und da vor allem der vier Evangelien. Zur Übung des Herzensgebetes gehört das Vertrautsein mit Jesus Christus, das tiefere Verstehen des Herrn im Wort der Hl. Schrift. Der hl. Seraphim von Sarow z.B. las am Montag das Evangelium nach Matthäus, am Dienstag das Markusevangelium, am Mittwoch das Lukas- und am Donnerstag das Johannesevangelium, am Freitag die Apostelgeschichte und am Samstag die Apostelbriefe. Er empfahl denen, die zu ihm kamen und die er geistlich begleitete, die Evangelien zu lesen. Auch später, während der vielen Gespräche mit den bedrückten und Hilfe suchenden Menschen, behielt er die Gewohnheit der täglichen Schriftlesung bei. Mit ihr formte sich und reifte eine außergewöhnliche Fähigkeit zur geistlichen Unterscheidung.

„Jeder, der in seinem Herzen das Gedenken Gottes, oder, was dasselbe ist, das Jesusgebet, bestärken will, muss unbedingt möglichst oft das Heilige Evangelium lesen ... Der Name Jesus Christus ist Wurzel und Grund, Mittelpunkt und innere Kraft des Evangeliums" (Starez Ilarion *Domracev*, Auf den Bergen des Kaukasus, S. 84). „Der Geist des Evangeliums und des Jesusgebetes sind ein und dasselbe" (a.a.O. S. 83). Dem russischen Pilger wird an Hand der Evangelien das Geheimnis des Jesusgebetes erläutert: „Ohne das Evangelium ist es unmöglich, das gebührende Gebet zu erlernen" (S. 175ff.). Das Evangelium wird im Geist des Evangeliums gelesen und führt wieder zum Beten. Das Gebet wiederum nährt sich von der vorausgegangenen Lesung der Heiligen Schrift, in der das Herz Gottes sich zeigt.

Es empfiehlt sich also, möglichst täglich in den Evangelien zu lesen und sei es nur ein Kapitel und das fortlaufend bis zum Ende eines Buches.

Als innere Voraussetzung für die Praxis des Herzensgebetes ergibt sich der Glaube an Jesus Christus als den Mensch gewordenen Sohn Gottes, in dem Gottes heilende und erlösende Gegenwart Antlitz und Gestalt bekommen hat. Dazu gehört die volle und aktive Mitgliedschaft in der Gemeinschaft der Glaubenden, d.h. auch die Teilnahme am sakramentalen Leben der Kirche, vor allem an der Feier der Eucharistie oder, wie man in den Ostkirchen sagt, an der Feier der göttlichen Liturgie.

In einer Zeit religiöser Desorientierung und starker Verwerfungen im kirchlichen Leben wird es m.E. zunächst genügen, wenn jemand bei der aufrichtigen Suche nach Sinn in Jesus von Nazareth anfanghaft die Quelle seines Lebens entdeckt und zu ihr unterwegs bleibt.

(5) Der „Kampf mit den Dämonen“, d.h. die Auseinandersetzung mit den eigenen Triebkräften, Leidenschaften und dem eigenen Schatten

Der „Kampf mit den Dämonen“, gehört in der Tradition der Wüstenväter und des Herzensgebetes zu den wichtigsten Themen. Für die meisten Menschen in unserer westlichen Zivilisation klingt das eher befremdlich. Dennoch hat dieses Thema bis heute nichts von seiner Bedeutung und Aktualität verloren. Es geht dabei um die Auseinandersetzung mit den eigenen Leidenschaften, den eigenen Triebkräften und ungeordneten Abhängigkeiten, mit dem eigenen Schatten.

Evagrius Ponticus, der große Theologe unter den Wüstenvätern, benennt acht oder neun solcher mächtigen „Dämonen“: Völlerei, Unzucht, Habgier, Traurigkeit (Depression), (Jäh)Zorn, geistige Antriebslosigkeit, Ruhmsucht oder Ehrgeiz, Stolz und Neid.

Sie alle haben letztlich dieselbe Wurzel: egomanische Selbstliebe (*philautía*). Wenn man diese „Dämonen" als innerseelische Kräfte betrachtet, dann sind sie eine sehr verbreitete menschliche Realität: z.B. Maßlosigkeit, d.h. die Schwierigkeit oder gar das Unvermögen, das rechte Maß zu finden im Essen, in der Arbeit (workoholismus), im Medienkonsum; der Umgang mit destruktiven Gefühlen wie Wut, Hass, Stolz, Neid, innere Leere und Antriebslosigkeit (*akédia*); die Gier nach „immer mehr" im Materiellen. Diese Gier gibt es auch im Geistigen und sogar im Spirituellen. Ich nenne das spirituelle Völlerei.

Es geht also beim „Kampf mit den Dämonen" um die Arbeit an den eigenen Triebkräften, vitalen Bedürfnissen und den eignen inneren Haltungen. Wer sich damit beschäftigt, hat sicherlich genug zu tun und wird vielleicht auch milder im Umgang mit anderen. Wer seine Schattenseite nicht verdrängt und nicht auf andere projiziert, muss sie nicht am anderen bekämpfen.

Die gleiche Aktualität hat das Thema „Askese". Der „Kampf mit den Dämonen" und die Askese gehören ja innerlich zusammen. Hierbei geht es um die innere Freiheit und um die Reduktion unseres Lebens auf das Wesentliche: im Materiellen wie im Geistigen und Spirituellen. Der Weg, um zum Wesentlichen durchzustoßen, war für die Wüstenväter und in der Tradition des Herzensgebetes die Hesychia. Erst wenn ein Mensch in seinem Innern zur Hesychia gefunden hat, wird eine Begegnung mit dem Göttlichen möglich.

Dabei braucht es zunächst einen räumlichen Abstand vom familiären, sozialen und beruflichen Alltag, d.h. ich löse mich vorübergehend von meinen Beziehungen, Beschäftigungen und Verpflichtungen. Eine gewisse räumliche Distanz kann da sehr hilfreich sein. Wenn mit der räumlichen Distanz gleichzeitig ein Ort gegeben ist, wo physische Ruhe herrscht, die zum Schweigen einlädt, ist das eine gute Voraussetzung, um von der äußeren Stille zum inneren Schweigen der Herzensruhe (Hesychia) weiterzugehen.

Hierbei ist es auch wichtig, den eigenen Weg zu finden und zu gehen, nicht den der anderen. So wichtig Vorbilder und geistliche Begleiter/ innen sein können, so müssen wir doch unseren eigenen Weg gehen und verantworten. Den Weg des Sterbens müssen wir auch allein gehen. So wird unser Alltag zum spirituellen Übungsfeld.

5. Zum biblischen Hintergrund des Namens „Jesus"

Wenn wir bei der Übung des Herzensgebetes den heiligen Namen „Jesus" anrufen, dann ist es hilfreich, sich gelegentlich zu vergegenwärtigen, was von der Hl. Schrift her bei dieser kontemplativen Gebetsweise mitschwingt.

Nach der Priesterschrift (P) aus der Zeit des Exils im 6. Jh. v. Chr. hat der Schöpfer der Welt (*Elohim*) sich den Vätern Abraham, Isaak und Jakob unter dem Namen „*El Schaddai*" geoffenbart, aber seinen Namen *JHWH* erst dem Mose in der Dornbuschvision mitgeteilt. Dort heißt es:

> Auf die Frage des Mose, was er den Israeliten sagen solle, wenn sie ihn fragen, wie der Gott ihrer Väter heiße, antwortet Gott dem Mose: Ich bin der „Ich-bin-da". Und er fuhr fort: So sollst du den Israeliten sagen: Der „Ich-bin-da" hat mich zu euch gesandt (Ex 3,14).

Weiter heißt es in Kap. 6: „Gott redete mit Mose und sprach zu ihm: Ich bin JHWH. Ich bin Abraham, Isaak und Jakob als El Schaddai erschienen, aber unter meinem Namen JHWH habe ich mich ihnen nicht zu erkennen gegeben" (Ex 6,2f.).

Mose ist aber nicht nur der erste, dem Gott sich als JHWH geoffenbart hat, sondern auch der erste, der den Namen „Jesus" einem Menschen, seinem Diener Hoschea, gegeben hat: Nach dem erfolgreichen Exodus aus dem Sklavenhaus Ägypten und dem Aufenthalt am Sinai gelangt das Volk zum ersten Mal an die Grenze zum Gelobten Land. Dort in der Wüste Paran stellt Mose eine Delegation von zwölf Männern zusammen, die sich das Land in seiner ganzen Ausdehnung anschauen soll, bevor das Volk selbst hinüberzieht (Num 13). Diese zwölf „Kundschafter" werden ausdrücklich als Vertreter der zwölf Stämme Israels genannt: einen der „führenden Männer" aus jedem Stamm (Num 13,2). Im V. 8 heißt es: „aus dem Stamm Ephraim *Hoschea*, der Sohn Nuns" und am Ende von V. 16: „Hoschea aber, den Sohn Nuns, nannte Mose *Jeschua*". Indem Mose nach biblischer Darstellung den Namen *Hoschea* nimmt und ihn mit dem in der Dornbuschvision geoffenbarten Namen JHWH verbindet, entsteht erstmals der Name *Jehoschua*.

Der Name „Jehoschua" bedeutet „JHWH hat gerettet". Dieser Name wird in älterer Zeit meist in der Langform benutzt (Pentateuch, Josua- und Richterbuch). In jüngeren Schriften (Esra-Nehemia, Jesus Sirach) setzt sich die spätalttestamentliche und dann allgemein in neutestamentlicher Zeit übliche Kurzform „Jeschua" durch. Beide hebräischen Formen, Jehoschua und Jeschua, werden in der LXX, der griechischen Übersetzung der hebräischen Bibel aus dem 2. Jh. v. Chr., ausnahmslos mit „*Jesous*" wiedergegeben.

▸ Wenn wir also den heiligen Namen „Jesus" anrufen, dann schwingt zunächst mit: „JHWH hat gerettet", Gott *hat* uns in Jesus Christus erlöst. Wir sind durch die Taufe hineingenommen in das Kraftfeld Gottes, in den Anziehungsbereich seiner Nähe und Liebe, seiner Barmherzigkeit und Treue. – Das muss man zunächst einmal *wahrnehmen* und sich bewusst machen. Das ist der wesentliche, der zentrale Bestandteil unserer christlichen Identität.

Im biblischen Zusammenhang der Aussendung der „Kundschafter" ist die Umbenennung Hoscheas in Jehoschua, griechisch also *Jesous*, eine Vorwegnahme: Erst zu Beginn der Landnahme in Num 13,16 erhält der führende Mann aus dem Stamm Ephraim den Namen, unter dem er fortan bekannt sein wird – als der eigentliche Anführer der Landnahme.

Im weiteren Kontext der Bibel bedeuten solche Umbenennungen *eine besondere Indienstnahme*. Mose nimmt Hoschea, der bis jetzt schon sein Diener und Gefährte war (Ex 24,13; 33,11), jetzt in seinen besonderen Dienst (Num 13,16) und bestellt ihn *später* (Num 27,18-23) durch Handauflegung zu seinem Nachfolger, der das Volk an seiner statt ins Gelobte Land führen soll (Dtn 3,27f.; 31,7.14.23; 34,9). Die Umbenennung steht also im Zusammenhang der beginnenden Landnahme.

In den synoptischen Evangelien geht Jesus ähnlich vor wie Mose bei der Aussendung der zwölf „Kundschafter" – bis in Einzelheiten hinein:

Nach Mk 3,13–19 setzt Jesus die Zwölf ein, „dass sie mit ihm seien und dass er sie aussenden wolle“ (Mk 3,14). Bei dieser Gelegenheit nimmt Jesus eine Umbenennung vor. Er gibt der Führerpersönlichkeit unter den Jüngern, Simon, den Namen Petrus (Mk 3,16). Die angekündigte Aussendung erfolgt dann erst in Mk 6,6b–13, jedoch in ausdrücklicher Anknüpfung an die Berufung und Sendung in Mk 3 (vgl. Mt 10,1–15; Lk 6,12–15).

Mit der Einsetzung des Zwölferkreises knüpft Jesus an den großen, wenngleich auch idealisierten, Ursprung Israels an, da das befreite Volk in seiner Gesamtheit als JHWH's Eigentum und als „ein Königreich von Priestern und als heiliges Volk“ (Ex 19,4–6) bezeichnet wird. In Mk und Num geht es also bei den „Zwölf“ um die Repräsentanz von *ganz* Israel. Die Umbenennung Simons zu Petrus bedeutet auch hier eine besondere Indienstnahme, die Mt 16,18 explizit entfaltet: „Ich (Jesus) aber sage dir: Du bist Petrus und auf diesen Felsen will ich meine Kirche bauen und die Pforten der Hölle (Mächte der Unterwelt) werden sie nicht überwältigen.“

Mose schickt die Zwölf, damit sie das verheißene Land für Israel in Besitz nehmen. Jesus schickt die Zwölf, um ganz Israel auf die Gottesherrschaft vorzubereiten.

Die Vorbildhaftigkeit von Num 13 zu Mk 3, Lk 6 und Mt 10 ist nicht zu übersehen.

▸ Wenn wir den heiligen Namen „Jesus“ anrufen, dann schwingt mit, dass unser Leben durch Taufe und Firmung bzw. Konfirmation („JHWH hat gerettet“) in eine Vision, in einen Sinnhorizont hineingestellt ist, der über uns selbst hinausweist: biblisch gesprochen: das verheißene Land in

Besitz zu nehmen bzw. die unmittelbare Nähe und Gegenwart der Gottesherrschaft transparent zu machen. Dazu eine chassidische Geschichte:

Rabbi Bunam wurde eines Tages gefragt: Es steht geschrieben: *Ich bin der Herr, dein Gott, der dich aus Ägypten heraus geführt hat.* Warum heißt es nicht: Ich bin der Herr, dein Gott, der Himmel und Erde geschaffen hat?

Rabbi Bunam antwortete: Himmel und Erde – dann hätte der Mensch gesagt: das ist mir zu groß. Da traue ich mich nicht hin. Gott aber sprach zu ihm: Ich bin's, der dich aus dem Dreck gezogen hat. Und nun komm und hilf mit, andere aus dem Dreck zu ziehen (*Martin Buber, Die Erzählungen der Chassidim*).

▸ Wenn wir den heiligen Namen Jesus anrufen, dann können wir uns bewusst machen, dass Gott uns für seine Vision vom Menschen, von seinem Volk in Dienst nehmen will: Seit seiner Berufung am brennenden Dornbusch hatte Mose von der Vision gelebt, das Volk aus entwürdigender Abhängigkeit und dann aus den Strapazen der Wüste einmal in das Land der Verheißung zu führen. Einmal sollte das zermürbende Leben Ruhe und Freiheit finden in einem „weiträumigen Land" (Ex 3,8). Nach dem Bundessbruch und 40 Jahren Wüstenwanderung mit den vielen Stationen von Enttäuschung, Mühsal und Vergeblichkeit eines fast endlos scheinenden Weges erreichen die Israeliten zum zweiten Mal die Grenze zum Gelobten Land. Da erfährt Mose endgültig, dass er außerhalb des verheißenen Landes sterben muss und auf Geheiß JHWH's den Übergang der neuen Generation mit Josua als Anführer vorbereiten soll.

Für Mose war es schwer, Abschied zu nehmen von einer Vision, die ihn vor langer Zeit auf den Weg gebracht und die auch in den dunkelsten Stunden ihre Kraft nie ganz verloren hat. Jetzt, unmittelbar vor dem Übergang ins Gelobte Land, sieht Mose, dass die Vision, die er am Gottesberg von JHWH empfangen hat, sich nun erfüllt. Der Schmerz klingt noch nach in den Worten: „Auch ich will hinüber ziehen, will das schöne Land schauen, das jenseits des Jordan liegt ...“ (Dtn 3,25). Es war ein schmerzlicher Prozess, bis Mose sich in die Antwort fügen konnte: „So sterbe ich in diesem Land, ohne den Jordan zu überschreiten. Ihr aber zieht hinüber, um dieses herrliche Land in Besitz zu nehmen“ (Dtn 4,24).

Die Szene einsamen Ringens des Mose mit Gottes unerbittlichem Entschluss ist Vorbild des Geschehens im Garten von Gethsemane, wo auch ein Unschuldiger in letzter Einsamkeit mit Gott rang: „Abba, lieber Vater, alles ist dir möglich. Lass diesen Kelch an mir vorübergehen“, und sich in die Antwort hineinfinden musste: „doch nicht, was ich will, geschehe, sondern was du willst“ (Mk 14,36).

Mose und Jesus haben sich zur Annahme des alles verfügenden Willens Gottes hindurch-gelitten und so die Grenzen zum eigenen Ich unscharf werden lassen.

▸ Wenn wir den heiligen Namen „Jesus“ anrufen, dann klingt dieser Sinnhorizont unseres Lebens an: Es ist nicht wichtig, dass *unsere* Pläne gelingen. Wichtig ist, dass wir uns in Dienst nehmen lassen wie Mose, Josua und Jesus, damit *Gottes* Vision vom Menschen, damit *seine* Vision von seinem Volk in einem „weiträumigen Land“, *seine* Vision von der Gottesherrschaft Wirklichkeit wird.

Für das Neue Testament ist mit dem Num 13,16 gebildeten Namen „Jesus" die Möglichkeit gegeben, diese Theologie der Namensoffenbarung fortzusetzen:

Nach *Matthäus* greift der Engel des Herrn den von Mose gebildeten Namen „Jesus" auf und gibt ihn mit einer interpretierenden Deutung weiter, wenn er zu Josef im Traum sagt: „Ihm sollst du den Namen *Jesus* geben, denn er wird sein Volk von seinen Sünden erlösen" (Mt 1,21).

Bei *Lukas* richtet der Engel Gabriel der Jungfrau Maria aus: „Du wirst ein Kind empfangen, einen Sohn wirst Du gebären, dem sollst du den Namen *Jesus* geben" (Lk 1,31).

Dieser Name, der im ersten Kap. bei Mt und Lk genannt wird, ist vom alttestamentlichen Hintergrund her seit Mose mit großer Bedeutung „aufgeladen". Es ist der Name dessen, der das damals durch Gottes Fügung (Dtn 3,23-28) unvollendet gebliebene Werk des Mose vollendet: Jeschua. Der neue Jeschua, Jesus, der mit seinen zwölf Aposteln eine neue Verheißungserfüllung beginnt, trägt den Namen, den kein geringerer als Mose selbst (vgl. Num 12,7; Dtn 34,10f.) „erfunden" hat.

Es sind also vor allem drei Schwingungen, die bei der Anrufung des heiligen namens „Jesus" vom biblischen Hintergrund und Kontext her mitgehen:

- „JHWH hat gerettet" (Num 13,16): wir sind erlöst, wir stehen im Kraftfeld Gottes. Das ist die Basis unserer Identität. Aus einer tiefen, auch gefühlsmäßigen Verankerung im Kraftfeld Gottes, im Anziehungsbereich seiner Nähe und Liebe, seiner Barmherzigkeit und Treue können wir uns seiner freisetzenden Dynamik überlassen.

- „Das gute/schöne Land" (Ex 3,8; Dtn 3,35) bzw. „die Gottesherrschaft" Mk 1,15): Die Vision, die unserem Leben durch die Erlösungstat Jesu von Gott her vorgegeben ist: andere in die Freiheit mit Gott zu führen. Die Kraft und Dynamik dieser Vision resultiert aus der Erfahrung der „Länge und Breite, Höhe und Tiefe" der unbegreiflichen Liebe Gottes zum Menschen (vgl. Eph 3,18).
- Die Indienstnahme durch Gott: sich von Gott in Anspruch nehmen zu lassen, dass seine Vision vom Menschen, seine Vision von Gottesvolk, Wirklichkeit wird. Je mehr wir uns von Gott in Dienst nehmen lassen, desto mehr wächst unsere Identität als Christen,

Die Übung des Herzensgebetes ist Einübung in die Freiheit, die den Menschen über seine Grenzen hinausträgt.

6. Die theologische Ausrichtung des Jesusgebetes nach dem hl. Gregor vom Sinai: Die (Wieder-) Entdeckung und Entfaltung der Taufgnade, die Wiederherstellung der Gottebenbildlichkeit

Als Hinführung ein kurzer biografischer Überblick: Der hl. Gregor vom Sinai (1255–1346) ist einer der großen Lehrer des Herzensgebetes. Er war ein Meister des geistlichen Lebens und eher ein praktischer Führer als ein systematischer Theologe. Seine Aufgabe sah er vor allem darin, mit genauen und treffenden Hinweisen seinen Schülern den Weg des Gebetes aufzuzeigen. Nil Sorskij († 1508) betrachtet ihn als „den tiefsten Geist der Ostkirche". Gregor hat sich nicht an dem öffentlichen Streit um die Rechtfertigung des Hesychasmus gegenüber „Outsidern" beteiligt. Er sah seine

Aufgabe vielmehr darin, seine tiefere Bedeutung denen zu vermitteln, die sich schon auf diesen kontemplativen Weg begeben hatten.

Während seines langen Lebens ist der hl. Gregor vom Sinai viel unterwegs gewesen, vor allem zu Fuß. Geboren um das Jahr 1255 in Koukoulos in der Nähe von Clazomenae an der Westküste von Kleinasien, wird er bei einem türkischen Überfall unter der Herrschaft des Andronikus II. (d.h. nach 1282) gefangen genommen und nach Laodicea an der syrischen Küste verschleppt. Christen dort kaufen ihn wieder frei. Er geht nach Zypern, wo er in einem Kloster für den ersten Grad des monastischen Lebens zugelassen wird, d. h. er wird Novize und bekommt den Mönchshabit. Von dort zieht er weiter zum Katharinenkloster am Sinai, wo er die Tonsur erhält. Von innerer Unruhe getrieben verlässt er aber das Kloster wieder und reist nach Jerusalem, dann nach Kreta. Dort begegnet er dem alten und erfahrenen Mönch Arsenios und spricht mit ihm über seine geistlichen Bemühungen im Katharinenkloster. Arsenios erklärt ihm, das alles sei nur „Praxis", das wahre geistliche Leben bestehe in der „Theoria", der Gottesschau, die durch Gebet, Ruhe (*hesychia*) und Wachsamkeit des Geistes zur Lichtwerdung führt. Der alte Mönch unterweist ihn in der Wachsamkeit des Geistes, in der Aufmerksamkeit des Herzens und im reinen Gebet. Das war ein entscheidender Wendepunkt in Gregors geistlicher Entwicklung. Bisher hatte sich sein Gebet und sein geistliches Bemühen auf der Ebene des „aktiven Lebens" = „Praxis" bewegt d. h. es war mit bestimmten äußeren geistlichen Übungen und asketischen Praktiken wie Fasten und Nachtwachen ausgefüllt. Nun wurde er zur Kontemplation geführt.

Von Kreta segelt Gregor zum Athos und, ohne sich aufzuhalten, durchwandert er die ganze Halbinsel in dem Bemühen, andere Mönche zu entdecken, die mit der geistlichen Lehre vertraut waren, wie er sie von Arsenios empfangen hatte. Anfänglich ist er enttäuscht. Sein Biograf Kallistos zitiert ihn: „Ich fand nicht einmal einige wenige Leute, die eine Ahnung von Kontemplation hatten." Nach langem Suchen entdeckt Gregor schließlich drei Mönche in der Sketis von Magoula, nicht weit von dem Kloster des hl. Philotheos, die einiges Wissen über Kontemplation und inneres Beten besaßen. Alle andern, die er antraf, waren ausschließlich mit dem „aktiven Leben" beschäftigt. Hier in Magoula lässt er sich zunächst nieder, dann in der Nähe des Klosters Simonos Petras. Mit Hilfe des Jesusgebetes erlebt er bald die Erfahrung des inneren Lichts, das er mit dem von den drei Aposteln auf dem Tabor geschauten Licht gleichsetzt.

Solange er auf dem Athos ist, lebt der hl. Gregor vorzugsweise nicht in einem der großen Klöster, sondern in dem halberemitischen Milieu der abgeschlossenen Sketis, in der Gesellschaft eines begrenzten Kreises von ausgewählten Schülern. Er sucht eher ein Leben der Stille und Zurückgezogenheit. Als er für einige Zeit gezwungen ist, in den Mauern der großen Lawra zu wohnen, findet er, dass der ständige Kontakt mit den Mönchen ihm die Hesychia nimmt, nach der er sich sehnt. Andererseits ist Gregor der Überzeugung, dass die Hesychia nicht ein Monopol der Eremiten ist, sondern ebenso gut in den großen Klöstern wie in den Städten gelebt werden kann. Wegen wiederholter Überfälle türkischer Räuberbanden verlässt der hl. Gregor mit seinen Schülern ungefähr zwischen 1325 und 1328 den heiligen Berg. Er geht nach Thessaloniki, dann nach Chios mit der Absicht, zum Sinai zurückzukehren. Aber in Chios ändert er seinen Plan und nimmt seinen Weg nach Mytilene und von dort nach Konstantinopel. Nach sechs Monaten Aufenthalt in der Hauptstadt reist er nach Paroria in den Strandzha-Bergen an der Grenze zwischen dem byzantinischen Reich und Bulgarien. Sein erster Aufenthalt dort war relativ kurz. Er kehrt für einige Zeit nach Konstantinopel zurück und zieht dann wieder zum Athos. Aber schließlich lässt er sich noch einmal am Berg Katakryomenos in Paroria nieder, um das Jahr 1335 oder etwas später. In dieser wilden und abgelegenen Gegend baut er eine ansehnliche geistliche Gemeinschaft auf. Während seiner letzten Jahre sammelt er eine beträchtliche Zahl von Mönchen, nicht nur Griechen, sondern auch Bulgaren und Serben. Er erfreut sich der Unterstützung und der Protektion des Zaren Johannes Alexander von Bulgarien. Gregor stirbt mit ungefähr neunzig Jahren am 27. November 1346 in dem von ihm gegründeten Kloster.

Seine Kommunität in Paroria diente als ein Glied zwischen der griechischen und der slavischen Welt und hielt so eine Schlüsselposition in dem, was man die „hesychastische Internationale“ nannte. Es waren Mönche von Paroria oder ihre unmittelbaren Schüler, denen die große Renaissance des kontemplativen Mönchtums zu verdanken ist, die das ganze slavische Christentum im späten Mittelalter erfasste.

Sein Schüler und Biograf, der spätere Patriarch Kallistos II. von Konstantinopel (1350–53 und 1355–63), charakterisiert den hl. Gregor als eine Persönlichkeit von großer Wärme, Güte und friedvoller Freude: „Ich sah ihn aus seiner Zelle kommen und sein Gesicht strahlte als lächelte er, und er schaute mich an mit Freude. Er antwortete mir mit großer Milde und Güte, wie es seine Gewohnheit war ... Es war Freude auf seinem Antlitz und Demut in seinem Herzen".

Das Jesusgebet nimmt in den Schriften des hl. Gregor vom Sinai eine zentrale Stellung ein. „Was ist Gebet?" fragt er und sagt schließlich: „Beten ist Gott, der alles in allen (Menschen) wirkt". Beten ist Gott, d. h. im tiefsten und vollsten Sinn ist Beten nicht unser eigenes Tun, sondern das Handeln eines Anderen in uns, Teilhabe am Wirken Gottes. Es sind nicht wir, die beim Gebet durch unsere eigenen Bemühungen unseren Geist in unserem Herzen sammeln, sondern der uns einwohnende Tröster. Ohne ihn können wir nichts erreichen. Keiner kann von sich aus seinen Verstand unter Kontrolle bringen, wenn das nicht vom Heiligen Geist geschieht.

Wahres Beten ist also ein Beten, das der Herr Jesus und der Heilige Geist in uns dem Vater darbringt. Gebet ist die Manifestation, das Offenbarwerden der Taufe. Da das Beten Gottes Handeln in uns ist, und da Gott durch das Sakrament der Taufe in unseren Herzen wohnt, ist das Gebet wesentlich die Entdeckung und Entfaltung der Taufgnade. Das Ziel unseres Gebetslebens ist, diese göttliche Gegenwart in uns zum Leuchten zu bringen, die Hindernisse der Sünde zu überwinden, so dass die Taufgnade in unserem Herzen sich voll auswirken kann.

Die Taufe ist das Prinzip und Fundament unseres christlichen Glaubens und Lebens. Durch die Taufe werden wir eingetaucht in das Leben und Schicksal Jesu Christi, in seinen Tod und seine Auferstehung und bekommen Anteil an der Sendung des Heiligen Geistes. Wir werden hineingenommen in das Kraft- und Energiefeld des neuen Lebens aus Gott und erlöst von den Grundängsten unseres Daseins. Wir werden gereinigt von dem, was uns von uns selbst entfremdet und unseren Lebenssinn verdunkelt oder zerstört. Dieses neue Leben bleibt aber von innen und von außen angefochten und bedroht wie das aus der Knechtschaft befreite Israel nach dem Durchzug durch das „Rote Meer“ auf seinem ganzen langen Weg durch die Wüste ins Gelobte Land.

Was in der Taufe grundgelegt ist, wird in der Firmung/ Konfirmation und in der Eucharistie/ Abendmahl vertieft und gefestigt: die Gemeinschaft mit Christus und seiner Kirche.

In der frühen Kirche war die Taufe im Bewusstsein der Gläubigen ein einschneidendes Ereignis, eine Lebenswende von existenzieller Tiefe und Dramaturgie – etwa vergleichbar mit dem, was bei der Heilung des Blinden in Joh 9 geschildert wird. Es geht hier um nicht weniger als sich mit seiner ganzen Existenz hineinnehmen zu lassen in das Geheimnis Jesu Christi, in das Geheimnis seines Lebens, seines Sterbens und seiner Auferstehung.

Im Gekreuzigten wird offenbar, dass Gott uns in Jesus Christus ohne Rück-sicht und ohne Vor-sicht angenommen hat und wir als bedingungslos geliebte Menschen unser Leben verstehen und gestalten können.

Diese unwiderrufliche Zusage will die Sehnsucht und Suchbewegung der Menschen auch in unserer nachchristlichen Gesellschaft erreichen, in einer Zeit, da die Säkularisierung der Lebensvollzüge immer weiter fortschreitet, die Lebenschancen und -risiken immer weniger kalkulierbar werden und Sinnverlust und Orientierungslosigkeit nach einer Antwort verlangen. Das Herzensgebet kann nun ein Weg sein, dass suchende Menschen eine Ahnung vom Geheimnis ihres Lebens bekommen und erfahren, wer sie in Wirklichkeit sind – in den Augen Gottes: bedingungslos geliebt:

> „Fürchte dich nicht, denn ich habe dich ausgelöst;
> ich habe dich beim Namen gerufen, du bist mein"
> (Jes 43,1).

Diese bedingungslose Zusage von Seiten Gottes ist in der Taufe besiegelt worden.

Beten heißt also, das zu werden, was wir schon sind, das zu erreichen, was uns schon gegeben ist: Von Angesicht zu Angesicht dem zu begegnen, der in unserem Innersten selbst wohnt. Dadurch wird unsere Gottebenbildlichkeit wiederhergestellt. Das gesamte asketische und kontemplative (mystische) Leben ist schon im Sakrament der Taufe enthalten.

Das ist die grundlegende theologische Orientierung für das Jesusgebet beim hl. Gregor. Gebet ist Gott in uns; Gott, der in unseren Herzen durch die Taufe wohnt. Beten ist: vom Zustand der Taufgnade, die verborgen und unbewusst in uns gegenwärtig ist, überzugehen zu ihrer vollen, bewussten Wahrnehmung (wobei wir das Wirken der Gnade direkt und unmittelbar in uns erfahren). Gregor sagt, dass die Taufgnade und die Gegenwart des uns einwohnenden Gottes wieder entdeckt wird durch asketisches Bemühen und durch die kontemplative Übung des Jesusgebetes. Der erste Weg ist der des sog. „aktiven Lebens", den Gregor selbst gegangen ist, bis er dem Mönch Arsenios auf Kreta begegnete. Der andere Weg ist der des Gebetes, der vor allem charakterisiert wird als Erinnerung an Gott. Damit ist das ununterbrochene Anrufen des Namens Jesus gemeint. Genau genommen sind beide Wege keine Alternativen. Das „aktive Leben", d.h. mit asketischen Übungen wie Fasten und Beten und Nachtwachen die Leidenschaften und ungeordneten Neigungen zu bekämpfen, ist nicht ein Zustand, durch den man hindurchgeht, so, als könne man ihn dann ein- für allemal hinter sich lassen. Gregors Anliegen ist, dass wir uns nicht nur auf der „aktiven" Ebene abmühen, weil es noch eine weitere Dimension des geistlichen Lebens gibt, in die wir auch eintreten können, wobei das immerwährende Herzensgebet eine Gnade bleibt.

Das Ziel allen kontemplativen Bemühens ist also die Vereinigung mit Gott, die Begegnung mit IHM von Angesicht zu Angesicht in unserem Innersten und damit ein Leben, das die in der Taufe uns gegebene göttliche „Energie" voll zur Entfaltung bringt. Der Weg zu diesem Leben in Gottes Gegenwart ist die Hesychia, das Schweigen des Herzens, in dem die Quelle der göttlichen „Energie" aufbrechen kann. Das Mittel, um diesen Weg des inneren Schweigens begehen zu können, ist die Übung des Jesusgebetes als bewusste Hinwendung des ganzen Menschen zur Person Jesu Christi.

So ergibt sich als *innere Voraussetzung für die Praxis des Herzensgebetes* der Glaube an Jesus Christus als den Mensch gewordenen Sohn Gottes, in dem Gottes heilende und erlösende Gegenwart Antlitz und Gestalt bekommen hat. Dazu gehört die volle und aktive Mitgliedschaft in der Gemeinschaft der Glaubenden, d. h. auch die Teilnahme am sakramentalen Leben der Kirche.

Zur Erinnerung: In einer Zeit religiöser Desorientierung und starker Verwerfungen im kirchlichen Leben wird es

m. E. zunächst genügen, wenn jemand bei der aufrichtigen Suche nach Sinn in Jesus von Nazareth anfanghaft die Quelle seines Lebens entdeckt hat und zu ihr unterwegs bleibt – mit dem Jesusgebet und dem Lesen der Evangelien.

Der folgende Text kann als kurze Übungsanleitung dienen:

Durch die Erinnerung an Jesus
sammle deinen zerstreuten Geist!

Philotheos vom Sinai

- Vor Beginn des Gebetes komme zur Anwesenheit in einem guten Stand oder in einem guten Sitz: Werde Dir bewusst, dass Du in der Gegenwart des Herrn bist, dass er dich sieht und bereit ist, dich zu hören.
- Ehe du beginnst, den Namen „Jesus" ehrfürchtig und liebend auszusprechen, bitte den Heiligen Geist um seinen Beistand.
- Überlass dich der Bewegung des Atems.
- Sammle deine Aufmerksamkeit im Herzen und ziehe die Bewegung des Einatmens durch die Nase dort hin. Dabei kann es hilfreich sein, die rechte Hand (vorübergehend) auf das Herz zu legen.
- Beginne den Namen „Jesus" ehrfürchtig und liebend auszusprechen und ihn an den Atem anzulegen.

- Bleibe fest dabei. Wiederhole ihn und denk allein an Jesus. Sprich seinen Namen langsam, sanft und ruhig aus – ohne Anstrengung.
- Welche Gebetsformel du auch immer verwendest, Mittelpunkt und Herzstück der Anrufung ist der heilige Name selbst, das Wort „Jesus". In ihm liegt die ganze Kraft der Anrufung.
- Wenn du den heiligen Namen wiederholst, so konzentriere dein Denken und Fühlen nach und nach auf den Namen und ziehe ihn mit dem Atem in Dein Herz.

  „Wie ein Öltropfen auf einem Tuch sich ausbreitet und es durchtränkt, so lass den Namen dein Herz durchdringen. Nicht der kleinste Teil deines selbst soll davon ausgenommen sein. Unterwirf dich seiner liebenden Gegenwart" (von einem Mönch der Ostkirche).
- Lass den Namen dein Herz nach und nach durchdringen, bis alle Gedanken und Gefühle auf ihn hin einswerden. Lass den Namen seine Kraft entfalten.

Dabei kann sich die Anrufung des Namens schließlich vereinfachen bis auf das eine Wort „Jesus".

Wie der Autor der „Wolke des Nichtwissens" kann man auch hier sagen: Nimm dieses Wort so tief in dich hinein, dass es nicht verklingt, was auch kommen mag.

Literatur

Philokalie der heiligen Väter der Nüchternheit, Bd. 1-6, Würzburg 2004, ^{2}2007, Beuron ^{3}2016

Writings from the Philokalia on Prayer of the Heart, translated by E. Kadloubovsky and G. E. H. Palmer, Faber & Faber, London ^{10}1979

The Art of Prayer, an Orthodox Anthology, compiled by Igumen Chariton of Valamo translated by E. Kadloubovsky and E. M. Palmer edited with an introduction by Timothy Ware, Faber & Faber, London ^{6}1981

Aufrichtige Erzählungen eines russischen Pilgers, herausgegeben und eingeleitet von Emmanuel Jungclaussen, Herder ^{18}1990 oder: Herder Spektrum Tb ^{11}2004

Das Jesusgebet, Anleitung zur Anrufung des Namens Jesus, von einem Mönch der Ostkirche herausgegeben und eingeleitet von Emmanuel Jungclaussen, Regensburg ^{7}2001

Schule des Herzensgebetes, Die Weisheit des Starez Theophan, mit einer Einführung von Josef Sudbrack SJ, Salzburg 1985

Schimonach Ilarion, auf den Bergen des Kaukasus, Gespräch zweier Einsiedler über das Jesus-Gebet, Salzburg 1991

Andreas Ebert/ Carol Lupo (Hg.), Hesychia, Das Geheimnis des Herzensgebetes, München 2012

Andreas Ebert, Hesychia II. Wege des Herzensgebetes, München 2014

Emmanuel Jungclaussen, Unterweisung im Herzensgebet, St. Ottilien ^{2}2004

Peter Köster, Ursymbole und Riten des Glaubens, Die Feier der Sakramente, BoD 2010

Ders., Die Übung des Herzensgebetes, St. Ottilien 2017

Jean-Yves Leloup, Das Herzensgebet nach Starez Seraphim vom Berge Athos, Neumühlen-Texte 1

Michael Schneider, Das Herzensgebet, Eine Hinführung zur Theologie und Praxis des Jesusgebetes, Köln ²2003

Kallistos Ware, Emmanuel Jungclaussen, Hinführung zum Herzensgebet, Herder ⁹2002

Kallistos Ware, Schweigen im Gebet, Was „Hesychia" bedeutet, in: Erbe und Auftrag, Benediktinische Monatszeitschrift (Beuron), 51. Jg., Dez. 1975, S. 427-447

Ders., The Jesus Prayer in St. Gregory of Sinai, in: Eastern Church Review IV (1972), S. 3-22

Ausblick

Das Bemühen, Geschehen und Erleben unserer Alltagswirklichkeit zu gläubiger Erfahrung und Lebensgestaltung werden zu lassen, braucht eine ganzheitliche, d. h. Leib, Seele und Geist umfassende spirituelle Lebenskultur. Im Kontext gegenwärtiger gesellschaftlicher und kirchlicher Veränderungsprozesse wird sich eine solche Eigenkultur nur herausbilden können, wenn sie von einem einfachen Übungsgeschehen getragen ist, das unabhängig von unserer augenblicklichen Stimmungslage flexibel und regelmäßig praktiziert wird.

Man muss sich darüber im Klaren sein, dass angesichts der Eigendynamik sozialer und kirchlicher Umwälzungen eine spirituell verstandene Eigenkultur immer wieder der Vergewisserung und Ermutigung durch Andere bedarf, die auf einem ähnlichen Glaubensweg „zu Hause" sind. Denn wir leben nicht nur von innen nach außen, sondern auch von außen nach innen.

Orientierung finden wir in dem reichen Lebens- und Glaubenswissen der biblischen Quellen und dem spirituellen Gedächtnis der Kirchen, die einen Schatz an Grundformen geistlichen Lebens beinhalten und Möglichkeiten aufzeigen, eine Sinn stiftende, Leben und Welt deutende Perspektive aus der Mitte des christlichen Glaubens zu verwirklichen. Sie verfügt über Traditionen, über Formen und Rhythmen, die davor bewahren, sich in dem zu erschöpfen, was nur zeitgemäß und authentisch sagbar ist. Es gibt ein tiefes Verstehen von religiösen und spirituellen Überlieferungen, das weniger über den Weg des Nachdenkens, der Sprache und des Argumentierens geht, als über den Weg von Ritualen und Rhythmen, über Übungsprozesse, die uns aufbauen, trösten und heilen, die uns helfen, die Widersprüche und das Geheimnis des Lebens auszuhalten.

Von daher brauchen wir auch „Orte“, wo wir aus den Quellen gläubiger Lebensgestaltung Lebensdeutung und -hilfe im Miteinander erfahren, wo sich die Chance bietet, vom Glauben anderer getragen zu sein, auch vom Glauben vieler Generationen. Aus einem solchen „kommunikativen Glaubensmilieu“ kann man dann auch in unserer modernen Zivilisation einer kirchlichen Eigenkultur Geltung verschaffen. So möchte ich zum Abschluss Grundzüge einer gesunden Spiritualität und als Voraussetzung dazu grundlegende Aspekte gesunder christlicher Lebensführung kurz skizzieren.

Grundzüge einer gesunden Spiritualität

Eine Spiritualität ist gesund,

1. wenn sie sich als Mystagogie versteht, als Hinführung zur Begegnung mit dem Geheimnis Gottes und damit auch zur Begegnung mit dem Geheimnis, das wir uns selbst sind (*zentral!)*

Es geht darum, uns für die Erfahrung Gottes zu disponieren und in der Begegnung mit Gott zu einer neuen Beziehung zu sich selbst, zu den Anderen und zur Schöpfung. Dabei muss man davon ausgehen, dass Gott in uns Menschen schon längst anwesend ist und wirkt.

Diese mystagogische Perspektive vermeidet es, den Menschen primär von seinen Defiziten her in den Blick zu nehmen und ihn mit moralischen Appellen und Imperativen zu seinem Heil zu verhelfen;

2. wenn sie sich orientiert an den Grundaxiomen biblischer Anthropologie, dass der Mensch Bild und Gleichnis Gottes ist und dass er im Mittelpunkt der Schöpfung steht, dass sich also an seinem Heil alle geschöpfliche Wirklichkeit zu relativieren hat.

Von daher verfehlt eine Spiritualität ihr Ziel, wenn sie den Menschen überfordert und aszetisch unter Druck setzt. Nach den Wüstenvätern gibt es eine Radikalität, die von den Dämonen ist. Eine gesunde Spiritualität setzt frei;

3. wenn sie zu dauerhaften verlässlichen und innerlich frei setzenden Beziehungen und Freundschaften befähigt. Eine Spiritualität, die sich auf das persönliche Seelenheil beschränkt, die polarisiert und spaltet, stiftet Unheil. Eine Spiritualität, die aus einem falschen Verantwortungsgefühl dahin tendiert, den Alltag mit Arbeit und funktionalen Bezügen auszufüllen oder zu überlasten, macht krank;

4. wenn sie dazu befähigt, sich den Herausforderungen des Alltags zu stellen und seine Belastungen zu bewältigen. Eine Frömmigkeit, die sich aus dem Alltag zurückzieht, verliert den notwendigen Realitätsbezug („Bodenkontakt") und ist nicht mehr in der Lage, Welt zu gestalten;

5. wenn sie den Alltag als Ort der Gottesbeziehung versteht und Gott „in allen Dingen" sucht. Damit das gelingen kann, braucht es eine konsequente und zugleich flexible Praxis, Zeiten und Räume der Stille zu suchen, um der Sehnsucht nach Gott im Gebet eine konkrete Gestalt zu geben;

6. wenn sie sich ganzheitlich versteht, d.h. Verstand und Wille, Herz und Gefühl, Geist und Leib, bewusste und unbewusste psychische Gegebenheiten zu integrieren versucht. Wenn Spiritualität eine Dimension des Menschseins nicht gelten lässt oder ausklammert, verliert sie ihre heilsame Funktion;

7. wenn sie davon ausgeht, dass Gottes Gnade gerade in der Schwachheit und Verwundbarkeit des Menschen zur Vollendung kommt; dass er uns da berühren und heilen will, wo es uns schwer fällt, uns selbst anzunehmen. Diese heilsame Perspektive kann uns Gelassenheit und Weite geben, Ermutigung und Freude, dass unser Leben im Angesicht Gottes gelingen wird.

Von der Kunst gesunder christlicher Lebensführung

Sie will den Menschen in einer ganzheitlichen Weise auf Gott hin wachsen lassen, d. h. in allen lebenswichtigen Bezügen, im Zusammenwirken von Leib, Seele und Geist, sozialen Beziehungen und Umwelt:

1. Ernst nehmen der natürlichen Lebensbedingungen und -gesetzmäßigkeiten; z. B.
   - ausreichend Licht und frische Luft,
   - genügend Bewegung,
   - Kontakt mit der Natur und ihren heilenden Kräften,
   - Respektierung der Lebensphasen und -wenden, um sie bewusst zu gestalten

2. Eine Kultur des Essens und Trinkens. Es ist für das geistliche Leben nicht unerheblich, *was* wir essen und trinken, *wie* wir essen und trinken und *wieviel* wir essen und trinken. Eine gesunde Ernährung harmonisiert und unterstützt den Stoffwechsel. Was das Maß anbelangt, so empfiehlt sich, nicht bis zur vollen Sättigung zu gehen. Eine fastfood-Mentalität kann diesen alltäglichen Vorgang des Essens und Trinkens zur bloßen Nahrungsaufnahme degenerieren lassen.

3. Eine Balance zwischen Arbeit und Ruhe, zwischen beruflicher Anforderung, Entspannung und Muße, so dass Leib und Seele in guter Spannung (*Eu*-tonus) sind, um die

Herausforderungen des Alltags zu bewältigen und das Leben zu gestalten.

4. Die Pflege dauerhafter und verlässlicher Beziehungen und Freundschaften. Gelingende Beziehungen sind ein bedeutender Faktor unseres Alltags- und Lebensglücks.

5. Ein bekömmlicher Rhythmus von Wachsein und Schlaf. Ausreichend Schlaf ist eine wesentliche Kraftquelle für viele Bereiche unseres Lebens, nicht zuletzt für die Erholung und Stabilisierung unseres Nervensystems.

6. Rechter Umgang mit Gefühlen, Emotionen, affektgeladenen Gedanken und Leidenschaften. Sie brauchen einen „Raum", wo sie sich gefahrlos zeigen können und wir mit ihnen ins Gespräch kommen. Gedanken und Gefühle beeinflussen unseren Hormonhaushalt. So ist es nicht gleichgültig, wie wir z. B. mit Wut und Aggressionen umgehen.

7. „Und hin und wieder Zeit für einen kulturellen Genuss" (Saint-Exupéry): Konzert, Theater, Kunstausstellung ...

Literatur

Renate Bäumler/Michael Plattig, Aufmerksamkeit ist das natürliche Gebet der Seele, Geistliche Begleitung in der Zeit der Wüstenväter und der personzentrierte Ansatz nach Carl R. Rogers – eine Seelenverwandtschaft?!, Würzburg 1995

Anselm Grün/ Meinrad Dufner, Gesundheit als ganzheitliche Aufgabe, Münsterschwarzach 1989

Christoph Jacobs, Salutogenese, Eine pastoralpsychologische Studie zu seelischer Gesundheit, Ressourcen und Umgang mit Belastungen bei Seelsorgern, Würzburg 2000

Fulbert Steffensky, Der alltägliche Charme des Glaubens, Würzburg ^{7}2014